万千教育

童年的王国

——听斯坦纳讲华德福教育

【奥】鲁道夫·斯坦纳　著
霍力岩　李冰伊　译

中国轻工业出版社

图书在版编目（CIP）数据

童年的王国：听斯坦纳讲华德福教育／（奥）鲁道夫·斯坦纳（Rudolf Steiner）著；霍力岩，李冰伊译．—北京：中国轻工业出版社，2017.10（2022.1重印）
ISBN 978-7-5184-1541-0

Ⅰ．①童…　Ⅱ．①鲁…　②霍…　③李…　Ⅲ．①儿童教育－研究　Ⅳ．①G61

中国版本图书馆CIP数据核字（2017）第189891号

总 策 划：石　铁
策划编辑：吴　红　　　责任终审：杜文勇
责任编辑：王慧超　　　责任监印：刘志颖

出版发行：中国轻工业出版社（北京东长安街6号，邮编：100740）
印　　刷：三河市鑫金马印装有限公司
经　　销：各地新华书店
版　　次：2022年1月第1版第2次印刷
开　　本：710×1000　1/16　印张：10.00
字　　数：86千字
书　　号：ISBN 978-7-5184-1541-0　定价：38.00元
读者服务部邮购热线电话：010-65125990，65262933　传真：010-65181109
发行电话：010-65128898　传真：010-85113293
网　　址：http://www.wqedu.com
电子信箱：1012305542@qq.com
如发现图书残缺请直接与我社读者服务部（邮购）联系调换
170921Y1X101ZYW

译者导读

本书作者是奥地利哲学家、教育家鲁道夫·斯坦纳（Rudolf Steiner，1861—1925）。斯坦纳1861年2月27日生于奥匈帝国的一个普通家庭。作为人智学（Anthroposophy）的创立者，他主张以“灵性”的角度看待人类，尤其是儿童的学习与发展，并希望通过重视儿童精神世界的发展，扭转世界过度物质主义的倾向。斯坦纳的成就涉及医学、科学、哲学、农学等，但最为著名的还是他在教育学方面的成就——华德福学校的创立以及华德福教育法的形成与发展。华德福学校的创立源于斯坦纳对德国华德福卷烟厂的一次参观，在他对卷烟厂工人发表了人智学和基于人智学的教育的演说后，卷烟厂老板邀请他为工人们的孩子创办一所学校。由此，与传统教育不同的、基于斯坦纳人智学理论创办的新式学校开始了其近百年的发展历程。也基于此，一所在教育改革史上具有重要意义的学校和一个在教育改革史上具有重要意义的教学方法，开始了它们对世界教育改革特别是儿童教育改革产生重要影响的征程。

内容概览

本书是斯坦纳为即将在英国开办华德福学校的教师们所做的演讲集。由于斯坦纳和他基于人智学的教育教学观点及方法在当时产生了重大影响，所以他关于人智学和教育学的演讲总是座无虚席。在1921—1922年斯坦纳的知名度达到高峰的时候，前来听他演讲的人潮如流，以致经常需要警力来维持会场和周围的秩序。据报道，斯坦纳演讲的门票场场售尽，并且每次演讲都会获得“长达数分钟的拍手鼓掌与喝彩”。

本书是斯坦纳于1924年8月在英国托基对教师们所做的若干次演讲的文字整合稿，内容涵盖了人智学、儿童发展的阶段性、儿童教育的整体性、教师品质的专业性、教育内容的生活化、教育方式具体化、教师研究儿童的重要性等较为系统和可操作化的理念和实践。本书共分为七讲，每一讲独立成章。为了便于读者理解，译者将七次演讲的内容简要梳理如下：

第一讲主要是斯坦纳对人智学基本观点的集中阐释。首先，斯坦纳指出了儿童的成长并不是一个孤立的身体生长的过程，而是“身体、灵魂、精神”三部分有机联系的成长和发展过程；其次，斯坦纳阐释了人体每七年会经历一次质变，即7岁和14岁是儿童发展的重要节点，这时儿童的发展会发生根本性的变化，因此这两个时间节点对于儿童教育工作者来说至关重要——教育应该适应儿童较为稳定发展的特点并根据儿童发展特点的变化而进行转型；再次，斯坦纳说明了儿童的降生是精神降临在尘世的过程，而婴儿早期的笨拙行为源于他们对于新获得的躯体的不适应。

第二讲主要是斯坦纳对儿童发展的阶段性和儿童教育应该重视阶段性的阐释。首先，斯坦纳认为儿童在7岁换牙期到来之前主要以感觉器官的形式存在，所有外界环境包括周围的物质环境和成人的行为对于儿童的发展都有着巨大的影响，这时的教师应该对儿童进行细致的观察，并在此基础上对儿童展开教育；其次，斯坦纳认为在儿童换牙期之后的7—14岁这一阶段，儿童基于具体形象思维的幻想和想象能力得以迅速发展，教师应该在此时发挥自己的想象力，使用具体形象的方法（如用儿童能够理解和喜爱的基于图像的方式）进行教学。他还特别以字母的图像教学法为例，对此进行了细致说明。

第三讲主要是斯坦纳对儿童教育应该具有整体性的阐释。首先，斯坦纳介绍了关于植物学的整体性教学方法——在他看来，植物属于地球，教师应当将植物与土壤作为一个整体介绍给儿童，并引导他们以整体的观念而不是以标本的形式进行思考；其次，斯坦纳介绍了关于动物学的整体性教学方法——在他看来，讨论动物时必须与人类相联系，教师应当向儿童指出，人类具有所有动物的品质，也是所有动物外观的综合；再次，斯坦纳认为植物学和动物学这两门学科非常适合7—14岁的儿童学习，因为它们都是非常生活化并且能够进行图像教学的具体学科。正是在这个意义上，斯坦纳主张教师不应该在此时对儿童教授含有因果关系的抽象学科，即使是历史这样的学科，也应该以生动的图像、故事等对儿童进行引导；最后，斯坦纳介绍了如何对儿童进行“正确的”、带有教学意义的惩罚。

第四讲主要是斯坦纳对教师品质应该具有专业性的阐释。本讲主要强调了教师想象品质和基于具体形象思维的教育教学方法的重要性。首先，斯坦纳通过一则关于小紫罗兰和蓝天的故事阐述了教师如何在儿童成长的不同阶段，利用同样的内容进行可持续的渐进式教学；其次，斯坦纳介绍了能够发展儿童对于对称和和谐的感觉的图画教学法；再次，斯坦纳介绍了华德福学校特殊的课程设置，以及此种课程设置为儿童带来的益处。

第五讲主要是斯坦纳对教育内容应该生活化的阐释。本讲主要强调了教师的教学内容不应脱离儿童的实际生活。首先，斯坦纳认为儿童学习计数时并不应该由头脑起主导作用，计数教学中的每个数字都应该与儿童或儿童在周围环境中看到的事物相联系，特别是应该利用身体部位，如手指和脚趾等；其次，斯坦纳认为数学的教学应该从整体出发，即一就是整体，其他的数字都是由一而来的；再次，在斯坦纳看来，即使对于几何学中的毕达哥拉斯定理，也应该基于实际生活给出清晰、形象化证明的细节。

第六讲主要是斯坦纳对教育方式应该具体化的阐释。本讲集中讲解了儿童身体内部以太躯体和精神躯体对儿童行为的影响。首先，斯坦纳认为，在生命最初的七年中，以太躯体在儿童身体内部进行雕刻，此后，精神躯体逐渐起主导作用，慢慢进入物质躯体并与其融合；其次，斯坦纳提到了对于语言的教学也应该以具体的方法进行，避免抽象的语法和翻译内容，优律思美能够将儿童内心的想法与外在的经历以自然的方式表达出来。

第七讲主要是斯坦纳关于教师研究儿童的重要性的阐释。本讲特别强调了儿童在7—14岁之间灵魂品质的重要性。首先，斯坦纳解释了儿童在学习中为何会感到疲劳，提出了他的解决方法；其次，他强调了教学内容与实际生活相联系的重要性，并提出幼儿园其实应该是现实生活的模拟；再次，他指出华德福学校成功的关键在于定期举行的教师会议，教师由此加深了对儿童的理解，通过理解儿童能够不断获得自我进步。同时，他讲解了教师在撰写评价报告或对儿童进行评价时应该使用描述性语言并对儿童进行积极的鼓励。

在完成了七次较为系统的演讲之后，斯坦纳还针对讲座现场观众的疑惑进行了答疑。回答的问题主要涉及乘法与除法的区别和联系、绘画教学的方式、体操运动与其他体育运动的兼容性以及对不同年龄段的儿童如何进行有关宗教的教学等。斯坦纳的答疑内容具体、形象且具有可操作性，对我们更好地理解斯坦纳的教育教学观点具有重要的参考价值。

本书是基于设计的系统阐释斯坦纳教育思想和实践的报告集。虽然是一个演讲报告的汇编，但本报告集不是常见的零碎报告的合集，而是较为系统地呈现斯坦纳一贯且突出的教育思想、理念和做法的有设计的演讲集。本演讲集内容全面系统，层层递进，既涉及斯坦纳教育教学思想的方方面面，又从基础开始抽茧剥丝般依次递进。本书涉及斯坦纳关于教育教学的全面且核心的内容，如人智学及其人智学如何成为教育基础；儿童发展是连续性和阶段性的统一，阶段性在教育教学中应该获得更多重视；儿童周围世界中的动植物都是一个整体，且与他们的直接关系物又成为一个整体，因此儿童教育应该注意整体性；教师应该理解儿童的年龄特点，并根据儿童的年龄特点进行教育，这就需要教师是一个专业人士，教师品质的高低在于其专业性；教育内容应该尽可能地贴近儿童的实际生活和直接经验，让学校的教育教学内容更加生活化；教育方式应该尽可能地适应并引领儿童的学习方式，让教师的教育教学方式更加具体化；教师要加强对儿童的研究，要在研究儿童的基础上进行教育教学工作，教师基于教师会议的儿童研究和儿童教育研究对于教师专业发展也具有重要意义……上述较为系统和可操作化的教育教学理念和实践，对我们深度思考儿童学习与发展的本质、儿童教育与教学的本质等具有一定的启发意义；对我们系统思考儿童发展规律与儿童教育规律的关系，尊重儿童的学习方式并帮助儿童通过直接感知、实际操作、亲身体验等获得整体的直接经验方面也具有一定的启发意义……儿童发展是儿童教育的基础，儿童发展的原有水平是儿童教育工作者帮助儿童达到最近发展水平的起点。儿童教育基于儿童发展，又引领、促进和支持儿童发展，儿童教育的本意不是对儿童大脑的灌输、填塞和掠夺式开发，而是对儿童内心的点燃、唤醒和激发……

教育启迪

本书是斯坦纳教育教学思想较为系统的呈现，书中的一些基础性、典型性和可操作性的理念和做法给译者留下了深刻的印象，并为我们的教育教学工作提供了重要的启迪。具体说来，有以下几个方面：

第一，应该关注儿童的内心世界并重视儿童精神层面的引导和教育。身体、灵魂和精神是人的三个主要组成部分，对儿童的教育不能仅仅停留在物质层面，而应该重视精神层面的教育。也就是说，人类作为一个综合体，包含了身体、灵魂和精神这三个部分。在对儿童进行教育时，不仅要考虑到身体、灵魂和精神三部分的协调发展，而且要用可持续的理念将儿童幼时接受的教育与儿童成年甚至老去之后的表现联系起来看待。由此，斯坦纳再一次强调了儿童在早期接受“正确”教育的重要性，并指出现存的许多教育法抑制了儿童的自然成长和发展。

第二，应该关注儿童发展的阶段性并据此进行发展适宜性的教育。身体、灵魂和精神在人类成长的不同阶段占据不同的支配地位，对儿童的教育应该充分尊重儿童所处发展阶段的特殊性。儿童发展是阶段性和连续性的统一，身体、灵魂和精神在人类发展的不同阶段占据不同的“统治”地位，同时，它们之间又相互联系和相互支撑。由于人类自身按照身体、灵魂、精神的顺序每隔七八年会完全改变，斯坦纳认为，对于儿童的教育应该以每七年为界限，进行侧重点不同的教育，充分体现教育的阶段性，让每一个阶段有不同于另一个阶段的教育内容和教育方法。也正是在这个意义上，斯坦纳认为，提前进行下一个阶段的教育会有“拔苗助长”之嫌，不仅无法使儿童获得应有的益处，而且会阻碍他们的学习与发展，产生适得其反的效果。

第三，应该重视儿童教育的整体性并切实提供整体教育的解决方案。植物与地球一体、动物与人类相亲，对儿童的教育特别是对儿童进行的动植物教育教学应该充分体现整体教育、综合教育的理念并付诸实施。从这个意义上来说，斯坦纳不仅提倡以整体的角度看待人类自身，而且提倡以整体的角度看待对人类的教育。例如，他主张在植物学教学中，教师应该将植物与其生长的土壤，甚至地球这一整体通盘考虑；在动物学教学中，教师应该向儿童指出，人类拥有所有其他动物的品质，是整个动物世界的综合体。斯坦纳主张从整体观出发进行教学，认为只有这样才能让儿童避免孤立地思考，才能对儿童今后生活中的实践有所助益。

第四，应该让教育教学方案面向真实儿童，集中解决“阶段性教学”中的“重点问题”。华德福学校有着不同于传统学校的课程设计和教学方案。作为斯坦纳教育思想落地的载体和具体的呈现物，华德福学校不同于传统学校的最大的“特殊”之处在于，学校中并没有现代学校那样的寻常课表，取而代之的是所谓的“阶段性教学”——在每一个教学阶段，儿童会对一门主课进行集中学习，辅以活动类的其他课程。斯坦纳认为这样的教学设计能够极大地帮助儿童从极易混淆的各种分科课程内容中解脱出来，并让他们在符合自身兴趣、针对性强的集中学习中获得巨大收获。

第五，应该让教育思想和教育教学方法相辅相成且实际落地。斯坦纳对于华德福学校或华德福教学法所涉及的各种教育教学方法的讲解十分详细，涵盖了动植物学、历史、地理、阅读、写作、算数、几何、绘画、优律思美、外语等学科。他运用大量图示进行案例教学式的举例阐述，对于教师的实际工作有很好的借鉴作用。同时，书中提到的教师为儿童撰写的描述性而非绝对分数制的报告也对我们有很大的启发。儿童在教学中的表现从来都不是用简单的分数能够衡量的，只有通过细致的观察，教师才能给予家长最为真实的反馈，从而与家长一起有针对性地对儿童进行分析并调整教育方法。

需要特别指出的是，我们应该以审慎和辩证的思维去阅读、评论和借鉴书中的观点和做法。虽然本书的部分观点和教育方法对我们有很大的启发，但毕竟成书时间处于20世纪初期，作者斯坦纳与当时社会的观点对于现在的我们来说都有一定的时间和空间的局限性。斯坦纳所处时代的欧洲，历史、文化与我们都十分不同，导致他的理论在很大程度上以唯心主义为基础和起点，所提出的人体“身体、灵魂、精神”三部分这一理论，以及儿童的精神由精神世界进入肉体并适应尘世生活的想法，与我们当今的各种理念都有相悖之处。同时，斯坦纳不仅认为人类具有所有动物的品质，还认为人类的外表也是各种动物的外表变形后的综合，这更是直接否认了现如今主流的进化论观点。从上述意义来说，由于时代、文化的不同，我们应该以一种辩证的方式来理解斯坦纳提出的观点和做法，将其中的内容进行适合如今我国时代、文化的调整后，再加以学习和借鉴，这样才能发挥学习本书的意义。

“若勇气与智慧相伴，将为君带来幸福，若二者分道扬镳，将使君走向毁灭。”谨在此借本书第三讲中这句话与各位读者共飨，希望各位能够在儿童教育的道路上让“勇气与智慧相伴”，既发挥无穷的智慧，又进行大无畏的创新——为自己的教育教学生涯带来幸福，更为接受教育的孩子带来幸福……

译者于2017年5月9日

目　录

第一讲

（1924年8月12日）

亲爱的朋友们：

我发现你们都已经准备好要在英国建立一所基于人智学[1]理念的学校了，这让我深感满足。这也许是教育史上一个真正重大且深刻的事件。这样的话听起来也许不够谦逊，但是，教育改变即将由建立在人智学基础上的教育艺术所引导，这确实是一件相当特别的事情。同时，更令我感到万分欣喜的是，教师们从内心深处认识到了人智学教育的特殊品质，在内心燃起的激情的推动下，他们建立了第一所教师学院。可以说，绝非改革的狂热促使教育需要更新换代，推动我们所作所为的是我们完整地感受并体验到，人类在文明和文化生活方面正进行着演变与进化。

谈到教育，我们当然完全清楚地认识到，在整个19世纪，特别是19世纪的最后几十年，诸多卓越的教育家为教育改革做出了巨大的贡

[1] 人智学（Anthroposophy）是由鲁道夫·斯坦纳创立的一派哲学，他认为人智学是一种灵性科学，希望扭转这个世界过度朝向唯物主义的发展。——译者注

献。尽管这些教育改革的出发点很好，并且都使用了各种可能的方法进行尝试，但是关于人类本身的真正认识还不够充分。这些教育理念产生于对人类本身没有真正认识的时代——在那个时代，物质主义充斥了我们生命和生活的各个方面，这一过程自15世纪以来一直延续至今。因此，当人们阐述自己关于教育改革的理念时，他们就像是在沙堆上进行建筑，甚至是在比沙堆更不牢固的基础上进行建筑。教育法则都建立在“生命应该是什么样”的各种情感表达和主观意见之上。在那个时代，人们根本无法了解关于人类的一切，并做出如下发问：“人类来到这个尘世之后，我们该如何发掘人类隐于其身、由上天所赐且伴随终生的天性呢？”这是一个可以以抽象的方式发问，但也是一个真正了解人类身体（body）、灵魂（soul）和精神（spirit）的知识之后才能具体回答的问题。

这就是物质对于当今人类的意义。我们关于人类身体的知识在迅速地发展。经由生物学、生理学和解剖学，我们已经获得了关于身体的非常先进的知识。但是，从现有的角度出发，每当我们想要获得关于人类灵魂的知识时，总会陷入一片僵局。这是因为所有与人类灵魂有关的事物都只不过是一些虚化的名字和词语而已。现如今就连思考、情感和意愿这些词语，我们还是无法在普通心理学中确定它们的实际意义。我们仍然会使用诸如思考、情感和意愿这些词语，但当我们提及这些词语时，全然不知它们在灵魂中都对应些什么。所谓的心理学家对于思考、情感和意愿的探讨不过是一些浅薄的涉猎。这就像下面这种情形一样：尽管一位生理学家可以一般性地谈论人类的肺部和肝脏，但他完全分辨不出一个孩子的肝脏和一个老人的肝脏有何不同。我们关于身体的科学知识很先进，今天任何一位生理学家都能够发现孩子的肺和老人的肺有何不同，或者孩子的头发和老人的头发有何不同。生理学家能够注意到所有这些不同。但是，思考、情感和意愿只是说出口的几个名词而已，它们在现实生活中没有任何意义。举例来说，人们并不了解，意愿出现在灵魂之中，它是幼稚的、初级的，而思考则是成熟的、高级的。实际上，在灵魂中，思考是成熟的意愿，意愿是幼稚的思考。因此，与灵魂相关的一切都包含了幼年与老年，两者在人类身上同时存在。

即便是在年幼的儿童的灵魂中，成熟的思考和幼稚的意愿也是同时存在的。确实，这就是现实。但是，时至今日，没有人知道如何像解释身体的存在一样解释这些关于灵魂的现实，因此，作为儿童的教师，我们处于十分无助的境地。设想一下，如果你是一位医生，但你完全分辨不出孩子和老人有何不同，你当然会感到无助。但是，关于灵魂的科学并不存在，因此教师自然无法像医生解释人类的身体一样解释人类的灵魂。而人类的精神就更别提了，人们无法谈论它，甚至没有什么词语可以用来形容它。除了“精神”这个词之外再没有别的词能够对它进行描述，而“精神”这个词本身也表达不出什么意义。

因此，我们现在还不能冒险谈论关于人类的知识。我们经常觉得教育在各个方面都不行，某些特定的事情必须加以改进。没错，但是如果我们对人类一无所知，那么我们又怎么能够对其进行改善呢？也正是因此，以往所有的教育改革理念可能都有着这个世界上最好的出发点，但这些理念完全没有包含任何关于人类的知识。

这样的情形甚至在我们自己的圈子里也有所体现。因为，在今天，只有人智学能够帮助我们获得关于人类的知识。我这样说并不是出于任何派别之心或狂热的立场，而是因为那些寻求关于人类自身知识的人们一定能够在人智学中找到答案。显而易见，教师的工作必须以人类自身的知识为基础。正因为如此，教师们自己必须掌握这些知识，自然而然地，他们要从人智学中获取这些知识。因此，如果有人问我们“新型教育方法的基础是什么”，我们的回答是：“人智学一定就是那个基础。”但是，即使在我们自己的圈子里，也还是有很多人试图极力否认人智学，在宣扬某种基于人智学的教育方法时极力不让人知晓人智学的存在。

有句古老的德国谚语说：请给我洗澡，但别把我弄湿[1]。许多教育项目都是按照这一谚语的心态推动的，这样是不行的。你们首先必须要心口一致地诚实思考和表达。所以，如果有人问你怎样才能成为一名好老师，那么你一定要说：“将人智学作为一切的基础。”你一定不能否认人智学，因为它是你获得关于人类自身知识的唯一途径。

当今的文化生活缺乏关于人类的知识。对于需要深入了解的世界、生命和人类来说，我们有的只是一些理论，缺乏栩栩如生的洞察。真正意义上的洞察会引领我们在生活中走向真正的实践，但是，时至今日，我们并没有进行这样的实践。你们知道现在最不切实际的是什

[1] 英文为 Please wash me but don’t make me wet，这句谚语用来形容只看重结果，却不愿为之付出。——译者注

么人吗？答案不是科学家。因为，尽管科学家们对生活既笨拙又无知，但是他们身上的这些缺点是可以被人清楚地看到的。对于那些最糟糕的理论家、最差劲的实际操作者来说，他们的这些缺点是无法被人觉察到的。这些人往往被称为实际的人，他们通常都是商业界、工业界或银行界的人，他们运用理论想法来掌管着实际的事物。来自理论的想法组成了现如今银行的所有部分，其中并没有任何实际的部分。但是，人们并没有认识到这一点，他们甚至还会说："银行就应该是这样的，实际的人就应该这样做事。"因此他们让自己适应这种不实际的行为方式，而且没有人意识到这种行为方式给人们的生活带来的危害，因为所有的事情都是那么的不切实际。现如今，所谓"实际的生活"在各个方面都是完全不切实际的。

只有当越来越多的能够毁灭世界文明的事件进入我们的生活中时，我们才会意识到我们的生活是多么的不切实际。如果事情继续这样发展下去，那么你将会知道世界大战无足轻重，它只会是一个开始，一个序幕而已。实际上，世界大战就是由这种不切实际的思考方式引起的，但这只是一个序幕。现在，最要紧的是，人们不应该继续沉睡，尤其是我们这些教师和教育工作者。我们的任务是提出一种新的教育模式，这种教育模式能够将它自身与人体的所有部分——身体、灵魂和精神——联系起来。我们也希望身体、灵魂和精神这三大要素能够广为人知。

由于我们的课程时间有限，所以我只能介绍关于身体、灵魂和精神的最重要的几个方面，以便为在座各位进行教育和教学指引方向。

这就是我今天演讲的目的。但最重要的一个要求是，在座各位一定要努力将你们的观察集于人这一整体，这一点我们在一开始就提过了。

现如今教育的基本原则是如何确立的？人们对儿童进行观察，然后告诉你，这个儿童有这样或那样的品质，一定要学这样或那样的内容。之后人们想的就是怎样教育儿童学习这些内容，甚至怎样教育才能让儿童快速且有效地学习。但是，我们究竟该如何定义儿童呢？12岁以前的孩子都可以被称为儿童，或者再多个几年，但这并不是重点。重点是人们一定要意识到，儿童总有一天会长大成人。从整体的观点来看，生命是一个统一体，你不能只考虑儿童期，而应该从生命这一整体考虑。也就是说，你必须考虑人类自身这一整体。

设想一下，班里来了一个脸色苍白的孩子。对我来说，这个孩子苍白的脸颊就像一个等着我去解开的谜。他脸色苍白的原因有很多，下面就是其中的一种可能性：这个孩子来学校时可能脸颊还红扑扑的，是我对待他的方式让他变得脸色苍白。我必须承认这种可能性，还要能够判断出导致他脸色改变的原因。也许我会发现是我给了他太多需要牢记的内容，导致他的大脑过于疲惫。如果我不承认这种可能性；如果我是一个目光短浅的老师；如果我认为不论这个孩子脸色红润还是苍白，我都要不惜任何代价继续进行我的教育模式，那么这个孩子的脸色会一直苍白下去。

假如还是这同一个孩子，在他50岁的时候观察他时，我也许会发现他患有严重的动脉硬化症，但是，没有人知道他为什么会发病。只有我知道，是我在他八九岁时对他记忆的超负荷要求导致的结果。你们看，50岁的成年人和八九岁的孩子本就是一体，他们是同一个人。我必须知道我的行为在四五十年后会给儿童带来什么后果。因为人的生命是统一的，生命中的一切都相互联系着。对我来说，仅仅了解这个孩子是不够的，我必须从整体的角度了解他这个人。

另外一个问题是，我总是尽可能地教孩子们一些事物的准确定义，希望他们能够准确掌握这些概念，比如，这是一头狮子，那是一只猫。但他们应该一直保留着我们给他们的定义直到衰老去世吗？现如今，没有人觉知到人的灵魂也一定要随着年龄一起成长。如果我为孩子提供了一种所谓“正确”的观念，那么他的一生都会按同样的观念去理解。这就像我在这个孩子3岁时给他买了一双鞋，而在今后的每一年都再定做一双一样大小的鞋。但孩子一直在长大，他会穿不下这双鞋的。人们会注意到这种行为，你不能让孩子一直穿一双一样大小的鞋，这样做太残忍了！然而，当我教给孩子一个无法和他一起成长的固定想法时，我恰恰就在做同样的事情。当我给他灌输一些我希望能够永久存在他脑海中的想法时；当我用一成不变的观念弄得他心情烦躁，而没有给予他能够进行扩展的灵活观念时，我都是在不断地压抑他的心灵，试图将他的心灵塞进固定的观念中。

如果有人问起当今教育面临的挑战，那么你们可以用以上这些内容进行回应。你们可以告诉他，在教育中你必须把人看作一个整体，一个不断成长的、有生命的人，而不仅仅是一个抽象的想法。

只有当你正确了解了人生是一个互相联系的整体之后，你才能意识到不同年龄段儿童的显著差异。还没有换第一颗牙的儿童和他们换牙后的样子大为不同。当然，你一定不能武断地对此进行判断，但是，若你能够对生命的各个阶段进行更细致的区分，那么你就可以观察到儿童在换牙前后是大不相同的。

在儿童换牙之前，你还能清楚地看到他们在出生以前的习惯，这些习惯都源自他们来到尘世之前所处的精神世界。儿童的身体所表现出的样子仿佛它只是精神一样，因为在最初的七年中他们的精神还是十分活跃的。你会说：这种精神可真是可爱啊！但之后，这种可爱的精神会变得很吵闹，因为儿童本就是狂暴笨拙的，他们没有能力去做什么事。这些特质都源于这种精神来到尘世以前的生活吗？亲爱的朋友们，你们都是有教养的聪明人，设想一下如果你们突然被关进一间室温达到144华氏度[1]的房间，你们肯定无法适应！对于儿童的精神来说，这就更难了——它们来自精神世界，却要适应尘世的环境。这个精神一下子来到了一个完全不同的世界，还有一个全新的身体要适应，这就是我们所看到的孩子的活动表现。但是，如果你懂得如何去观察，并坚持每天、每周、每月进行记录，那么你会发现儿童脸上不坚定的神色会变得越来越坚定，笨拙的动作会变得越来越灵巧，儿童也逐渐适应了周围的环境，这时你会意识到那个来自精神世界的精神渐渐与儿童的身体相互适应。如果我们以这样的方法观察儿童，那么我们就会明白儿童为什么会是这个样子，也会明白是儿童身体内的精神在控制儿童的一举一动。因此，对于了解这一精神秘密的人来说，

[1] 144华氏度，约等于62摄氏度。——译者注

观察儿童是一件既美好又愉悦的事情。通过这样的观察，我们所了解的并不是尘世之事，而是天堂之事。

对于那些所谓的“乖孩子”而言，他们的身体甚至从婴儿期开始就已经变得沉重，他们的精神并不能完全掌控身体。这样的孩子通常都很安静，他们既不会大喊大叫，也不会跑来跑去，只会安安静静地坐着。他们身体所产生的抗拒力抑制了精神的活跃。在这种所谓的“乖孩子”中，常常会出现身体抗拒精神的情形。

而那些不那么乖的孩子会发出很多健康的吵闹声。他们会大喊大叫，给大人制造很多麻烦，但这些孩子的精神是活跃的。当然，这种活跃是以一种笨拙的方式表现出来的，毕竟他们体内的精神刚刚从天堂来到尘世。精神在他们体内是活跃的，它在尽可能地适应身体。你甚至会把孩子的尖叫声看作一种迷人的表现，其实你所见证的是精神降临在孩子身体内时所经历的苦难。

是的，我亲爱的朋友们，做个成年人很简单。我的意思是说，对于我们的精神而言很简单，因为我们的身体已经准备好了，它不再像儿童的身体那样进行抗拒。做个成年人很简单，但做个儿童则是极其困难的。儿童自己并不知道这一点，因为他们的意识还在沉睡中，尚未觉醒。但是，如果儿童拥有他们降临到尘世之前的意识，那么他们很快会意识到这样的难处：如果儿童体内还有降临到尘世之前的意识，他们的生活将会是一个可怕的悲剧。你们看，儿童降临在地球上，但在这之前，他们已经适应了以前的精神生活带来的物质。儿童知道该如何处理这样的精神物质。他们根据自己前世的因果已经让自己准备好了。他们将一切精神的内在都控制在自己的外表之下。现在他们要降临到尘世了。我喜欢用简单的方式讲述这些事情，如果你们感觉我像是在描述尘世间发生的寻常事一样，那么请原谅我。我之所以能够这样讲述这些事情，是因为它们本就是如此发生的。现在，一个人要降临到尘世了，他必须在尘世中选择一个身体。

这个身体要经历世世代代才能准备就绪。一对父母生了儿子或女儿，然后这个儿子或女儿再结婚生子，就这样世代延续。遗传造就了这个身体，现在，这个身体要被一个精神占据了。精神必须进入这个身体，并在这个身体内发展，但如此一来，它就会面临完全不同的状况：它用一具经历世世代代准备的躯体将自己包裹起来。

当然，即便是在精神世界中，人类也可以控制身体，这样精神和身体才不至于互不适应。但这个身体总归还是不能完全与精神适应。因为大部分的情况是灵魂根本无法轻易被装进这样一个身体中。设想一下，如果一只手套根本不适合你的手，那么你一定会立刻扔了它，再也不想戴上这只手套，对于灵魂和身体也是同样的道理。但是当你从精神世界来到尘世需要一个身体的时候，你只能选择一个身体。你保留着这个身体，直至换牙期的到来。事实表明，每隔七八年我们的身体都会发生一次改变——虽然不是所有方面都会改变，但那些最重要的部位都会改变。例如，我们的第一套乳牙会掉光，而换牙后的第二套牙齿则会伴随我们一生。这样的改变并不适用于所有的人类器官，但对于一些比牙齿还重要的器官来说，只要这个人还活着，它们每七年就会经历一次变化。如果我们的牙齿一直这样每七年——在7岁、14岁、21

岁等——换一次牙的话，那么这个世界上就不会有牙医了。

因此一些坚硬的器官会保持不变，而一些柔软的器官却在不断地自我更新。在我们生命的前七年中，我们的身体是大自然和父母给予我们的，它就像一个模型。灵魂和身体的关系就像艺术家和他要塑造的模型一样。直至换牙期，我们都是逐步在第一个身体的基础之上塑造第二个身体的。这个过程需要七年才能完成。父母给予了我们第一个身体，在此基础上我们自己塑造出第二个身体，这一过程要在我们7岁时才会完成。和现实相比，现如今遗传科学告诉我们的只不过是浅薄的涉猎罢了。事实上，我们在出生会时得到一个模型一样的身体，尽管在最初的几年它会开始消亡，但这个身体会伴随我们七年。这个消亡的过程会一直持续，直到我们开始换牙，从那时开始我们就有了第二个身体。

有些个体降临到尘世时就很虚弱，这些特质会形成他们的第二个身体。在换牙结束前，他们会一直生活在这个身体中。这第二个身体与第一个身体一模一样。人们说他们遗传了父母的特质，但事实并非如此，他们只是根据那个继承下来的模型塑造第二个身体。只有在生命最初的七年中，我们的身体才是完完全全由遗传而来的。很多虚弱的个体只能对第一个身体的特质进行复制，但也有一些强壮的个体降临到尘世，在他们生命的最初七年中也继承了很多特质，从他们的牙齿便能观察出来。他们的第一套乳牙也许并不够坚固，并且仍旧服从于遗传，但当他们以正确的方式发展出强大的特质时，这些儿童会长出健康坚固的第二套牙齿。有些儿童10岁了仍表现得像4岁的孩子，因为他们只会单纯地模仿。另外一些儿童则大为不同，他们体内有强大的个性。他们利用模型一样的身体生活，但之后便会发展出具有自己独特特质的身体。

我们一定要注意这样的事情。如果你不了解事物是如何运行的，那么关于遗传学的内容对你来说并不会有多大意义。作为一种科学，所谓的“遗传”只适用于生命的最初七年。可以这么说，在7岁以后，我们所继承的东西都来自我们的自由意志。我们会模仿这个模型，但事实上在换牙期，我们所继承的部分就随着第一个身体被抛弃了。

我们身体内来自精神世界的灵魂是非常强壮的。一开始它是笨拙的，因为它要适应外部的环境。但在现实生活中，关于儿童的一切都令人着迷，就连他们最淘气的一面也同样令人着迷。当然，我们必须按照惯例在一定程度上制止儿童的淘气行为。但有一件事我们在儿童身上看到的比在任何其他地方都要多，那就是，人类的精神是如何被现如今世界上堕落的恶魔折磨的。儿童要进入一个并不总是适合他们的世界。如果你能够意识到这个过程，那么你就会懂得这是一出多么糟糕的悲剧。如果你能够有意识地去观察究竟是什么控制着儿童的身体，那么你就会发现，对于儿童来说，适应复杂的骨头和韧带结构是一件多么糟糕的事，这真的是一种悲惨的景象。

儿童本身对这些一无所知，因为学业关隘守护神[1]不让他们知道

---

[1] 学业关隘守护神（Guardian of the Threshold），是被某些教师描绘成恐怖人物的一种形象，也被称为“学业关隘居民”，是一个通向更高层知识世界的阻拦者，是学生向更高层知识世界攀登时会遭遇的恐怖形象。——译者注

这样的事。但是教师应该觉知到这一点，知道儿童的生命源自上帝，他们的精神却降临到了尘世，并以深深的虔敬看待这件事。你们最起码应该知道这些，之后将与其相关的知识牢记于心，从这一点出发，肩负起作为教育工作者的职责。

人们降生之前在精神世界的生活与他来到尘世后的生活大不相同，这种不同也体现在人们的行为上。教师应该能够对这种不同进行判断，因为站在他们面前的儿童正代表了精神世界带来的后续效应。对于儿童来说，他们现在面临一件难事要学习，而在精神世界中并不存在这样的事。

在尘世中，人类几乎无法注意到身体的内部，这一点只有自然科学家和医生才能够做到。他们清楚地知道人体皮肤下的内部构造，但你会发现，大多数人甚至不能确切地说出他们的心脏在哪里！他们一般都会指向一个错误的位置。在如今的社会中，如果你让一个人解释左肺和右肺中肺叶的区别，或是让他描述一下十二指肠的样子，那么你会得到一些稀奇古怪的答案。在来到尘世之前，我们对外部世界并不怎么感兴趣，反而对所谓的内在精神更感兴趣。在死亡和新生之间的这段时间，我们的兴趣几乎全部集中于内在的精神生活。我们根据前世的经历积累着自己的业报，并据此发展我们的内在精神。这种兴趣并非源于尘世间的特质，也并非源于对知识的渴求——也可称为好奇心。在我们出生或降临尘世前，这种对知识的渴求、好奇心、对生活的热情并不属于我们，我们对此也一无所知。这就是为什么小孩子只有非常轻微的好奇心。

从另一方面来说，我们所经历的是在熟悉的环境中生活。在来到尘世之前，我们与外在的世界完全融为一体。对于我们而言，整个世界就是我们内在的精神世界，没有“外在世界”和“内在世界”之分。因此，我们对外在世界并不感到好奇，因为那就是我们的内在世界。我们并不感到好奇，因为世界都在我们的心中，我们所经历的事都显而易见、自然而然。

所以在生命的前七年，儿童学会如何走路、如何说话、如何思考，这与儿童降临在尘世前的习惯是一样的。如果你试图唤醒儿童体内对于某个特定词语的好奇心，那么你会发现你完全打消了他学习这个词语的热情。你期望唤起儿童对知识的渴望和好奇，但实际上打消了他们本就拥有的品质。你一定不要寄希望于儿童的好奇心，而应该寄希望于其他的事，即儿童和你有着心灵上的联结，并且你要真的理解他。儿童喜爱的一切都要和他内心的本性保持一致。你一定要给儿童留下深刻的印象，就像他用自己的手臂做出来的那样。这么说吧，你一定只能作为儿童身体的延伸。之后，当儿童经历了换牙期，并逐渐进入七岁到十四岁这一阶段时，你一定要一点一点地观察儿童对知识的好奇和渴望是如何显现出来的；你一定要有技巧地小心观察，还要注意他们的好奇心是如何渐渐地与生命融为一体的。

幼小的儿童只是一个笨拙的小生物，他不会问问题，你只有通过扮演什么东西，才能引起他的注意。儿童不会对外界环境产生任何疑问，就如同一袋面粉不会产生疑问一样。但儿童就像面粉一样，你在它上面留下了什么印记，它会保持同样的印记（特别是那种研磨细致的面粉）。这并不是由儿童的好奇心造成的，而是因为你与儿童真正共为一体，并为儿童留下了印象，就像你用手在面粉上留下印记一样。

只有当换牙期到来时，这种情况才会发生变化。你一定要注意儿童开始问问题的方式。“那是什么？”“星星怎么看见我们呢？”“星星为什么在天上呢？”“奶奶，为什么你的鼻子是弯的？”儿童现在会问各种各样的问题，并开始对周围的事物感兴趣。你一定要有敏锐的洞察力，记录下儿童在换牙时逐渐出现的好奇心和注意力。在这几年中这些品质都会出现，你一定要做好准备迎接它们。你一定要让儿童内在的本性决定你该做些什么，我的意思是说，你一定要非常积极地对待儿童在换牙时所唤醒的品质。

自换牙期开始，儿童的很多品质都开始觉醒。虽然儿童变得好奇，但并不是那种智识性的好奇，因为这时儿童还不具备推理的能力。任何人试图让儿童7岁时就发挥智力方面的能力都是大错特错的。这时的儿童有很多幻想，我们一定要参与到这种幻想中去，其实这是一个如何给予所谓“灵魂乳汁”的问题。我们都知道，儿童在出生后必须靠乳汁才能成长。乳汁是儿童的食物，并包含了他们所需的一切营养物质。当儿童经历换牙期之后开始上学时，你需要提供给他们另外一种乳汁，但这时的乳汁是“灵魂乳汁”。这就是说，你对他们的教育一定不能是一个个相互孤立的单元，而应是一个整体。在换牙期之后，儿童一定要吸收这种“灵魂乳汁”。如果你将读与写分成两项孤立的内容教给他们，那就像是用化学方法将乳汁分成两个不同的部分，每次只喂给他们其中的一种。读与写一定要构成一个整体。在儿童刚入学时，你一定要将“灵魂乳汁”这个概念融入你的工作之中。

在换牙期之后，只有富有艺术地对儿童进行引导，这种“灵魂乳汁”才能发挥作用。艺术性的元素必须贯穿始终。明天我会更加全面地描述如何由绘画培养写字的技能，让写字这种技能富有艺术性。我还会讲解你们应如何艺术地引导儿童学习阅读，以及如何富有艺术性地将读与写的教学相互联系起来，进而以艺术性的方式引导儿童初步发展算数技能。这一切都必须形成一个整体。当儿童入学时，你必须逐步发展这样的“灵魂乳汁”。

当儿童进入青春期时，他们将会需要“精神乳汁”。对于现如今的人类来说，这是一项极为困难的任务，因为在这个物质的时代，精神几乎难觅踪影。创造“精神乳汁”是一项艰巨的任务，但如果你不能成功地创造出这种乳汁，那么你的学生在最为艰难的青春期就只能靠他们自己了，因为在我们这个时代本就没有“精神乳汁”。

以上我所讲的这些内容只是简单的介绍，希望能为你们提供一个思考的方向。明天我们会继续详细地讨论这些主题。

第二讲

（1924年8月13日）

昨天我提到了儿童的发展在换牙期会经历急剧的变化。因为事实上，所谓的遗传或继承自父母的特质只在生命的第一个阶段直接起着积极的作用。但是在最初的七年中，第二套生命系统会在体内逐渐发展，它是根据我们继承而来的模型塑造的。这第二套生命系统在换牙期结束时发展完善。如果来自精神世界的个体并不强壮，那么他的第二套生命系统会与继承而来的第一套生命系统十分相像；如果这个个体十分强壮，那么我们可以看到在换牙期和青春期之间，也就是在7岁到14岁这段时间，他如何战胜了继承而来的特质。不同的儿童会变得完全不一样，他们的变化甚至也会表现在外表上。

在生命的第二个阶段，灵魂的特质逐渐显露了出来，对这些特质进行观察是一件非常有意思的事情。在生命的第一个阶段，即换牙期以前，儿童可以被描述为一个完全的“感知器官”。你一定要逐字理解这个概念——完全的“感知器官”。

我们拿人类的眼睛或耳朵举个例子吧。这样的感知器官有什么特征呢？这些感知器官敏锐地感知着外在世界的各种印象。如果你观察人类的眼睛，你一定能够看到整个过程。在儿童生命的最初七年中，他们整个人就像一只眼睛。你们现在这样想：图像在眼睛中形成，所有外部的事物在眼睛中都会形成一个倒转的图像。我们每个人都在基本的物理学中学到过上述内容。外部的事物到了眼睛里就变成了一个图像。物理学的研究止步于此，但形成图像的过程只是一个开头，你要知道的关于眼睛的事情还有很多。这个过程只是最为表面的物质因素。

如果物理学家能够更为细致地观察这个现象，那么他们就能看到这种现象决定了脉络膜[1]中血液循环的方向。整个脉络膜中的血液循环都是由眼睛内部呈现的图像性质决定的。眼睛会根据这些进行自我调整。一般的物理学并不会考虑这些细微的过程。但是，7岁以前的儿童确实就是一只眼睛。如果在他周围的环境中发生了什么事，比如有人非常生气，发了一大通脾气，那么这个儿童就会形成一个情绪爆发的内化图像。以太体会对此生成一幅图像，于是与情绪爆发相关的图像就会进入血液循环系统和新陈代谢系统。

在最初的七年当中，生命体会根据这样的事进行自我调整。这些过程并不是突然发生的意外事件，而是精细地运作着。但是，如果儿童在成长的过程中有一个愤怒的父亲或一个脾气火爆的老师，那么他的血管系统就会倾向于变得和父亲、老师一样愤怒。这种早年间植入

[1] 脉络膜，位于视网膜和巩膜之间的组织，主要由色素及微细血管组成，呈暗褐色。其血管供给视网膜葡萄糖及氧气。色素则吸收眼球内多余的光，防止它们因折射和散射而干扰视细胞作用的精确度。——译者注

内心的倾向带来的结果会影响儿童一生。

对儿童来说，以上所说的便是最为重要的事。此时，儿童除了会模仿你所说的话之外，你讲的话、你教的内容还不会对他们产生影响。这样一来，你是怎样的一个人才是最重要的。如果你是善良的，这种善良就会在你的日常行为中表现出来；如果你脾气暴躁，你的暴躁也会表现出来。简单来说，你的所作所为都会传递到儿童身上，并影响着他们。这是最基本的要点。儿童是完全的感知器官，并会对周围人们的印象做出反应。因此，最重要的并不是去凭空想象儿童是否能够分辨好坏、自己学习一切，而应该了解我们当着儿童的面所做的一切都会被转化融入他们幼小机体的精神、灵魂和身体中。你在他们面前如何表现，决定了儿童一生的健康，以及他们的发展倾向。

有些人经常建议你们在幼儿园和儿童一起做些活动，其实这些活动都没什么用处。幼儿园教育中的内容都是些非常“聪明”的事。如果你看看19世纪时幼儿园高深的教学内容，你一定会感到着迷。那时的儿童确实能够学到很多东西，他们几乎学会了阅读。教师会剪掉字母表上的字母，再让儿童拼回去。这一切看起来都非常聪明，你会很容易相信这真的适合儿童，但其实这一点用都没有。这样的教育不仅没有价值，而且会损坏儿童的灵魂，甚至会损伤他们的身体，对儿童的身体健康一点好处都没有。这样的幼儿园教育哺育的是儿童身体和灵魂中的懦弱，并会影响他们一生。[1]

---

[1] 在德国，儿童直到7岁时才会离开幼儿园。因此，上述内容适用于7岁前的学校生活。——译者注

从另一方面来说，如果你只是简简单单希望儿童在幼儿园能够模仿你的所作所为；如果你希望儿童能够出于他们自己内在灵魂的冲动而模仿你的各种行为，就像他们在来到尘世之前的生活中就已习惯的那样，那么这些儿童一定会变得和你一样，但是你得好好看看自己是否值得儿童模仿。在儿童生命的最初七年中，你一定要注意自己的行为，而不是仅仅用言语表达一些道德观念。

如果你板着脸，儿童就会认为你是一个脾气不好的人，这种印象会伤害他们一生。这就是为什么作为教师，你要完全投入对于人类自身和人类生活的观察中去，这一点对于年幼的儿童来说尤为重要。你制订什么样的教学计划并不重要，重要的是你是一个什么样的人。现如今，设计出一门课程并不是什么难事，因为我们这个时代的人各个都聪明绝顶。我并不是在讽刺什么，我们这个时代的人确实都很聪明。每当一些人聚集在一起，探讨教育应该做出哪些改变时，总会有些聪明的点子冒出来。我从来没有听说过哪个教育项目是愚蠢的，它们都是非常聪明的。但重要的是，在学校中要有能够按照我所讲解的方法开展工作的人。你一定要学会这样思考，尤其是对于那些完全处于感知器官状态的儿童，大量的工作建立在这一观念的基础之上。

换牙期结束后，儿童以前那样的感知器官的特征就逐渐减弱。事实上，在他们三四岁时，这一特征就已经开始减弱。但是，在三四岁之前，儿童会有一些不为人知的特性。当你吃到甜味或酸味的东西时，你是用舌头和味蕾感知味道的。但是，当儿童喝牛奶时，他们会通过整个身体来感受牛奶的味道，这是因为此时他们的身体也是味觉器官。年幼的儿童通过全身品赏味道，这样的例子还有很多。

年龄大一些的儿童会模仿大人的样子，因此，在十五六岁或20岁的时候，他们已经尝够了，也不再有新鲜感。但是，我们还是有可能在他们身上看到某些类似年幼时感知器官的特性，尽管这样的日子并不会很好过。就拿我知道的一个小男孩举例子吧，有人要给他东西吃，他知道这是他爱吃的，于是他并不仅仅用了一般人所用的器官，而是手脚并用地向食物靠近。其实，这个小男孩就是一个完全的味觉器官。值得注意的是，他在9岁或10岁时成了一位出色的优律思美[1]舞者，并对优律思美有着深刻的理解。由此看来，他小时候爬向食物的行为在他长大后的"意志力器官"中得到了进一步的发展。

我说这些并不是在开玩笑，而是为了给你提供一些如何进行观察的例子。你也许很少听到人们把这样的事情联系起来，但它们每时每刻都在发生。人们无法感知生命中的这些典型现象，只想着如何教育儿童，而不是如何观察生命本身。

生命的每一个细节都十分有趣，从早晨到傍晚，即使最细微的事情也是有趣的。例如，你可以注意看两个人是如何从水果盘中拿出一个梨的。每个人的动作都是不同的，没有任何两个人会用同样的方式拿出梨。有人从水果盘中拿出梨，然后放在餐盘中；有人可能在拿起梨之后就直接啃了一口，这道出了一个人的全部性格。

[1] 优律思美（Eurythmy），指和谐有韵律的动作，它是一种表演艺术形式，被广泛运用于华德福学校的教学之中。——译者注

很不幸，现在我们在学校中经常看到很多令人忧心的事。但是，如果人们能够培养出上述这样更为有效的观察方法，那么这些令人忧心的事就可以避免了。例如，你现在几乎看不到一个能正确握笔的儿童。大部分儿童的握笔方式都是不正确的，这是因为教师不知道如何正确地观察儿童。观察儿童这件事并不容易做到，即使在华德福学校也是一样。在华德福学校中，儿童经常被要求变换握笔姿势。你一定不能忘记，人是一个整体，灵巧性一定要由各种途径习得。因此，教师要做的是仔细观察生命的每一个微小的细节。

如果你特别喜欢写好的格言，那么你可以将下面这句话作为教育艺术的第一要则——你必须能够观察生命显现出的所有细节。

就这一点而言，你要学习的内容永无止境。举个例子，你可以从后面观察孩子们走路的样子。有的孩子走路时整个脚掌都踩在地上，有的孩子走路时则踮着脚尖，这两种极端之间的任何一种走路方式都是有可能出现的。没错，就是这样，如果你想教育一个儿童，那么你一定要准确地了解他是如何走路的。对于那些脚后跟踩在地上走路的儿童来说，这一微小的身体特征表明他们的精神深植于前世，而他们对前世生活中的所有事物都很感兴趣。对这种儿童，你一定要从他们身上挖掘尽可能多的信息，因为他们有很多隐藏的天分。对于那些踮着脚、基本不用脚后跟走路的儿童来说，他们在前世的经历要浅薄一些，你无法从这些儿童身上得到太多信息，但当你和他们在一起时，你必须做很多事，这样才能让他们模仿学习。

在儿童换牙期间，你应该以上述方式进行细致的观察。在这之前，儿童是一个完全的感知器官，现在他们要发展自己的幻想力和象征力这一天赋了。你一定要考虑到这一点，即使在和儿童进行游戏的过程中也不例外。我们这个物质至上的时代与这种想法完全背道而驰。例如，我们现在经常会给儿童买所谓的漂亮娃娃，这些娃娃的五官精致、脸蛋红扑扑的，当它们躺下睡觉时眼睛甚至可以闭上，还有逼真的头发……天知道还有什么别的！但这样的娃娃扼杀了儿童的幻想力，因为它没有为儿童留下任何想象的空间，儿童也无法从中得到什么乐趣。但是，如果你用餐巾或是手绢做出一个娃娃，点两滴墨水表示眼睛，再涂些墨水当作嘴巴，再做两只类似胳膊的形状，这样一来，儿童就能将自己的想象力付诸于这个娃娃身上。

对于儿童来说，尽可能地让他们有机会通过玩具发挥想象力，是一件非常好的事。这使得儿童能够发展出一种象征的能力。那些已经被做好且被人们称为“美丽”的东西，儿童拥有的越少越好。就像我刚刚提到的那种娃娃，虽然它们拥有真实的头发和其他漂亮的部位，但它们的美只是传统意义上的美。事实上，这种娃娃并不美丽，因为它毫无艺术性。

别忘了，儿童会在换牙期进入想象和幻想的阶段。在这个年龄段，生命充满了幻想，而不是才智。作为教师，你必须能够培养这种幻想的生命，那些灵魂中真正了解人类本质的人能够做到这一点。事实上，真正了解人类的本质，就会放松并解放内在的灵魂生命，并给人们的脸上带来笑容。而爱生气、爱抱怨的脸庞都源于不了解人类的本质。当然，病变的器官会给人的脸上带来病容，但这没有关系，因为儿童并不会受到影响。当一个人的内在充满了真正了解人类本质的活跃知识时，这种光彩必然会表现在他的脸上，这也是真正成为优秀教师的必要品质。

所以，在换牙期至青春期这段时间，你一定要以想象力的本质来教育儿童。因为令儿童在7岁之前成为完全的感知器官的特质会变得更加内敛，它进入了儿童的灵魂生活。感知器官并不会思考，它们只会感知图像，或者这样说更好，它们会依据外部的物体形成图像。即使儿童的感觉经历已经有了灵魂的特质，他们头脑中产生的也不是一种想法，而是一幅图像——一幅灵魂图像或者一幅想象的画面。因此，你一定要将图像和画面引入你的教学中。

如果你在教授儿童一些他们从未接触过的事物，那么你尤其应该使用图像来表达。比如，现在的书法，不论是手写体还是印刷体，对儿童来说都是很陌生的。儿童不知道字母A代表什么事物。他们为什么要和字母A联系在一起？他们为什么要对字母L感兴趣？字母A、字母L对于他们来说都是很陌生的。但是，当儿童来到学校时，教师会教他们这些内容，结果就是儿童觉得他们和自己正在学习的内容并没有什么联系。如果教师在儿童换牙之前就教他们这些内容，并要求儿童把对应的字母放入已经剪好的图形中，那么教师带给儿童的都是他们天性之外的东西，儿童根本无法与之建立任何联系。

现在你应该诉诸于儿童已经拥有的品质，即一种艺术感，一种创造想象图像的能力。这种能力才是你们应该具备的。你要避免用一种直接的途径来教授用于手写和印刷的传统字母。取而代之的是，你应该用一种生动且富有想象力的方式——这种方式贯穿人类文明史的各个阶段——来引导孩子。

在很久以前，人类就开始使用象形文字，也就是说，古人通过画画来提醒自己记住特定物体。你不需要研究人类文明史，但你可以向儿童展示人们通过象形文字想要表达的含义和精神。这样一来，儿童在课堂上就会感觉自在多了。

让我们以 Mund[1]这个单词为例，你可以让儿童画一个嘴巴出来，或是让他们简单涂些红色，然后让他们发出这个单词的音。你可以告诉他们：先不要念出整个单词，而只试着发出“M”这个音。现在你可以通过已经画出来的上嘴唇（见图1）来表现字母 M 了。如果你按照这样的过程操作，那么你就可以由儿童所画的嘴巴来引出字母 M 了。

图1

这就是书写真正的起源，但是由于单词要服从语言进化过程中的变化，所以我们现在很难辨认出单词中的字母曾经是图画。而在最初期，每一个发音原本都有它自己的图像，而每一幅图像都有一种含义。

你不需要去追溯这些原始的字符，你也可以发明自己的方法。教师一定要有创造力，并且必须按照事物本身的精神进行创造。

1 Mund，德语单词，意思为嘴巴。英文为 Mouth。——译者注再以“Fish（鱼）”这个单词为例。你可以让儿童描绘出某种鱼，然后让他们发出这个单词的第一个字母“F”的音，然后你可以逐步地由图像（见图2）勾勒出字母F。

图2

因此，如果你足够有创意，你就能够为所有的辅音字母找到对应的图像。这些都可以用“涂—画”或“画—涂”的方式表现出来。对于教师来说，这种教育方法比当今的方法要麻烦得多。因为在儿童一两个小时的作画之后，你要进行彻底的清理。但这种方法是必需的，你无法改变什么。

这样你就能看到字母是如何从图像中发展而来的，图像又是如何直接从生活中发展而来的。你一定要用这样的方法进行教学。在任何情况下，你都不能先教儿童阅读，而是应该先进行画—涂或涂—画这一过程，由此产生对字母的印象，之后才可以教他们阅读。

看看周围，你会发现很多事物都可以用来按照上述方法教授辅音字母。所有辅音字母都可以由描述图像中事物的单词的首字母发展而来。

对于元音字母来说，就没有这么容易了，但是你也许可以像下面这样进行元音字母的教学。假设你对儿童说：“看看那太阳，它多美呀！你们一定要好好欣赏一番。这样站着，你们就能抬头欣赏灿烂的阳光了。”之后儿童可以站起身，抬头看，然后用“啊（Ah）”的声音来表达他们的惊奇之情。接下来，你将这个姿势画下来。这时你就有了希伯来语中的字母A，以及用来表达惊奇的“Ah（啊）”的声音。现在你只需要把希伯来语中的字母缩小，并将它逐渐转换为字母A（见图3）。

图3

如果你展示给儿童一些有关内在灵魂的品质，并通过优律思美表达出来，让他们摆出一个又一个姿势，这样一来，你就能够用我讲的方式进行元音的教学了。优律思美能够在你的教学过程中起到很大作用，因为声音本来就存在于优律思美的姿势和动作中。想象一下字母O，它的形状就像你在充满爱意地拥抱某样东西。通过这种思路，你就能够完成对字母O的教学（见图4）。通过姿势和动作，你可以找到表示元音字母的方式。

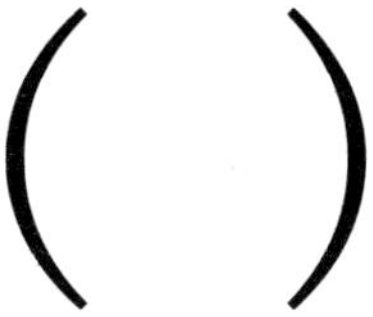

图4

因此，你一定要利用观察和想象来进行教学，这样儿童就会通过联想的事物了解声音和字母。你一定要以图像为起点。现如今我们所了解的字母都是以它们的完成形态存在着，但这些字母都是有历史的，它们都是由图像简化而来的，而如今魔法符号一样的印刷字母再也无法告诉我们原始的图像是什么样子了。

当那些“优等”的欧洲人到达美洲时，印第安人（所谓的“野蛮人”）仍生活在美洲。即使到了19世纪时还有下面这种事发生：当欧洲人向印第安人展示印刷的文字时，印第安人却吓得逃走了，因为他们认为这些文字是一个个小小的魔鬼。他们还说：“这些白脸鬼（印第安人这样称呼欧洲人）用小魔鬼来互相交流。”

字母对于儿童来说也是一样，它们对儿童而言是没有意义的。儿童认为字母中有恶魔的力量——确实如此。字母已经演变成魔力的媒介，因为今日的字母只是一些符号罢了。

在进行字母教学时，你一定要从图像着手。图像不是什么魔力的符号，而是真实的事物。所以，你一定要以图像为切入点。

反对这种想法的人会说，这样一来，儿童学习读和写就太晚了。他们之所以这么说是因为现在的人们还不了解过早让儿童学习读和写的危害有多大。儿童过早学会读和写是一件很糟糕的事情。如今的读和写并不适合人类过早学习，至少要到十一二岁后再学。在这之前，儿童接触的读和写越少，对他们以后的生活则越有利。十三四岁时还不会流畅地写字的儿童（我自己的经历便是很好的例子，因为我在这个年纪时就不会好好写字）与在七八岁就能流畅地读写的儿童相比，他们之后的精神发展并不会因此受阻。这些都是教师一定要注意的地方。

虽然你们现在真的应该这样做，但恐怕你无法像上述这样进行教学。因为儿童一定会从你所在的私立学校进入大众生活。然而，当你了解了这些知识后，你就可以做很多事，这完全取决于你有没有这方面的知识。你所掌握的知识一定会告诉你，最重要的一点是，在教儿童写字之前就教他们阅读是不正确的。在写字的过程中，特别是用我提到的涂一画或画一涂的方式写字时，他们整个人都是活跃的：手指要活动，身体要摆姿势，整个人都参与到这个过程中。但是，在阅读的过程中，只有大脑参与了活动。如果在一项活动中只有身体的某一部分参与，而剩余的部分都是停滞的，那么教师应该尽可能推迟该项活动的教学。最重要的是先让儿童整个人都参与活动，之后再让各个部分单独参与活动。

一般而言，如果你要用这种方式开展教学，那么你不能期待针对每一个细节的说明，你能够得到的只是关于采取哪种教学途径的引导。你的教学只能建立在绝对的自由之上——这种自由源于依照人智学建立的教育方法。但是，这种绝对的自由必须包含教师和教育工作者自由创造的想象力。

在华德福学校中，我们有幸见证了我也许会称之为“令人质疑”的成功。最初，我们的学校有130～140名学生，这些学生都来自埃米尔·莫尔特[1]的工厂，所以那时他们在某种程度上还属于“义务教育”的学生。在这些学生中，也有一部分来自实施人智学教育方式的家庭[2]。在短时间中，华德福学校就发展得非常庞大，我们现在已经有超过800名学生和四五十名教师。这是一种令人质疑的成功，因为我们渐渐地便无法看清全局。在我即将向你们描述的华德福学校的安排中，你们马上就能从中看出纵览全局是一件多么困难的事，但接下来

---

1 埃米尔·莫尔特（Emil Molt，1876—1936），德国商人、社会改革家、人智学家。他曾任华德福–阿斯多里亚卷烟厂的经理，并与鲁道夫·斯坦纳一起创立了第一所华德福学校。华德福学校因此得名。——译者注

2 1919年，第一所华德福学校由埃米尔·莫尔特创立，他是位于斯图加特的华德福–阿斯多里亚卷烟厂经理。华德福学校的第一批学生都是卷烟厂工人的子女。——译者注

我也会讲一些令其变得可能的方法。在华德福学校中，我们设有平行班级，以五六年级为例，每个年级都有三个平行班，即 A 班、B 班和 C 班。这些班级都处于饱和状态，班上的学生比学校中其他任何班级都要多。

因此，A 班中会有一名教师，B 班中会有另一名教师。想象一下，在现如今的“正统”教育制度中，这种安排会如何运作呢？如果你走进 A 班，你会发现班上正在进行大家认为最好的教学练习。然后你再走进 B 班，这个班级其实也可以被称为 A 班，因为两个班级所进行的教育内容是一模一样的，教师使用的都是“正确的教育方法”，唯一不同的只是坐在教室中的儿童。这种教法当然是经过清楚地思考后的结果：对于怎样教是聪明的有且只有唯一一种内涵，其他的方法都不会被认可。

在我们的华德福学校中，你不会看到这样的景象。你走进 A 班时会看到一名教师——可能是男教师，也可能是女教师，他 / 她正在教学生们写字。教师会让儿童用绳子做出各种各样的造型，然后让他们画出这些造型，逐步引入字母的知识。而另一名教师则喜欢用不同的方法进行教学。如果你走进 B 班，你会发现这名教师正在让儿童绕着教室“舞”出字母的造型，这样儿童就能用自己的身体体会不同字母的造型。然后，这名教师会在舞蹈造型的基础上引入字母的知识。在 A 班、B 班和 C 班中，你永远不会看到一模一样的教学方法。虽然教师教授的是同样的内容，但他们使用的方法大相径庭，这是因为一种自由的创意想象遍布整个班级。华德福学校没有固定的教学方法，有的只是贯穿始终的浑然一体的精神。这种精神非常重要，你一定要明白。教师是独立自主的，在这一浑然一体的精神中，教师可以做任何他们自己觉得正确的事情。你可能会说："如果人人都可以按照自己的意愿行事，那整个学校不就如同一团乱麻了吗？"在五年级A班中，可能老天才知道学生们正在要什么把戏，而在B班中，你会看到儿童正在下象棋。但这种情况不会发生在华德福学校中，因为即便自由的精神无处不在，适合不同年龄的教学精神也依然存在于各个班级中。

如果你读过《华德福学校的研讨课程》[1]，你就会发现，在教学中你拥有最大限度的自由，但每个班级中进行的教学都是适合该年龄段的儿童的。奇怪的是，从来没有教师反对这一点。他们都在教学中自愿贯彻一体精神的原则。没有人反对，也没有人想要进行任何特殊的安排。与其相反的是，教师们都表示希望在教学会议中能讨论在不同班级中应该如何进行相应的教学。

为什么没有任何教师反对这种课程呢？华德福学校已经开办很多年了，你认为为什么所有教师都认同这种课程？他们完全找不出这种课程有任何不合理的地方。他们认为这种课程提供的自由是极好的，因为它来自对于人类本质的真正的了解。

学校中盛行的这种自由精神可以从教师根据想象创造出的不同

[1] 在1919年华德福学校创立之前，斯坦纳博士面向教师在同一时段内就三门课程进行了演讲，其中两门课程已经以英文出版：《人的研究》（*Study of Man*）和《给教师的建议》（*Practical Advice to Teachers*）。——译者注

教学方法看出来。确实是这样，我们学校所有的教师都有同样的感觉，不只是他们从自己的想象中想到或发现了什么，而且更重要的是，当我与华德福学校的教师们在会议上讨论时，或是当我走进教室时，我愈发地感受到，一旦教师们进入教室，他们其实会忘记之前制订好的教学计划。当我走进教室时，我的体验是，每一名教师都是在当下的教学中创造出了新的教学计划。

当你真正了解人类的本质并将这种知识作为教学的基础时，就会产生以上这样的结果。尽管你可能会认为这些细节只是些虚话，但我还是要告诉你，这些内容确实不是虚有其表。我希望你们能知道它是如何运作的，之后便能照着样子去做。这些内容会让你知道，从真正的关于人类本质的知识中所衍生出的一切是如何进入儿童的内心的。

我们的教学和教育要构筑在想象之上。你一定要清楚地知道，在9岁到10岁之前，儿童并没有自我意识，也不知道如何将自己与周围的环境区分开来。虽然儿童出于天性习惯了称呼自己为“我”，但事实上他们对自我的感知是与整个世界浑然一体的。人们对于这件事有着最为不可思议的说法。他们说，原始人觉得世界上的万物皆有灵，也就是说，他们对待没有生命的物体就像对待内在是有灵魂的物体一样。如果你想明白儿童的想法，就一定要把儿童想象成原始人，因为儿童会敲打某些硬物，就好像那个东西是有灵魂的一样。

但是，这种想法并不完全正确。事实上，儿童不会认为无生命的东西有灵魂，他们连一个物体是否有生命都还不能分辨。对儿童来说，所有事物都是一个统一体，而他们自己也与周遭的事物融为一体。直到9岁或10岁时，儿童才能真正将自己与周围的环境区分开来。你一定要以最为周全的方式考虑到这一点，这样你的教学才会有适当的基础。

因此，当你讲到儿童周围的所有事物时，不论是植物、动物，甚至是石头，你要讲起来仿佛它们会互相聊天、会像人类那样活动、会告诉别人它们自己的事情，甚至会爱、会恨一样。你必须学习以最有创造性的方式利用拟人论[1]，要像谈论人类一样谈论植物和动物。你一定不能根据某种理论赋予它们灵魂，而只需要在儿童能够区分有生命和无生命的事物之前，利用他们能够理解的方式对待它们。因为儿童没有任何理由去相信石头没有灵魂，而狗却有灵魂。这两者之间最明显的区别是狗会动，而石头不会动，但儿童并不会把“会动”这一事实归因于狗有灵魂。没错，你可以像对待人一样对待世上存在的所有事物，仿佛它们会思考、有感受，还会彼此交谈一样；仿佛它们是对彼此有喜有恶的人一样。因此，你教给这个年龄段的儿童的所有内容都要以童话、传说、故事的形式呈现，并且这些故事中的所有事物都具有情感。你一定要记住，以这种方式培养儿童灵魂品质中的想象力，是儿童未来一生灵魂生活的最佳基石。

如果你向这个年龄段的儿童灌输各种各样智识性的教学内容（如果你没有将所有的教学内容转化为图像，就会造成这样的结果），那么将来儿童的血管和循环系统都会受到不好的影响。你必须考虑儿童

---

1 拟人论，即赋予动物或无生命的物体以人性的理论。——译者注

的身体、灵魂和精神是一个绝对的整体。对于这一点，我要不断地向你们重复。

作为肩负责任的教师，你的灵魂和性情一定要充满艺术感。重要的不只是你想出了什么或传递了什么想法给儿童，而是你展现出的自己具有无法衡量的生命品质——这样的品质在无意识中会大量地从教师传递给儿童。作为教师，首要的是要了解这一点，这样你才能情感充沛地向儿童讲述童话、传说和故事。在这个唯物主义时代，我们经常能够发现教师并不真正相信他 / 她在讲的内容，并认为这些内容是幼稚的。正是在这里，人智学可以成为关于人类的真正知识的向导和引领者。经由人智学，我们了解到，用图像的形式表述故事比用抽象的概念更加详细、丰富。一个健康的儿童会自然地感受到他需要用图像的形式来表达所有事物，并且他也会以图像的形式接受所有事物。

歌德在年少时就是以这样的方式学会了弹钢琴。他的钢琴老师向他展示了如何使用大拇指、食指等，但是歌德并不喜欢这种教学方法，因此他那个枯燥迂腐的钢琴老师十分厌恶他。歌德的父亲并没有什么艺术细胞，他是一个法兰克福的老学究，自然而然地便会选择这些平庸的老师教自己的孩子，因为他们是“好”的，所有人都知道这一点。但是，这样的教学方法令年幼的歌德感到十分厌恶，因为它太抽象了。所以歌德自己发明了“指东西的那个小家伙（Deuterling）”这种说法来指代“食指”——“食指”太抽象了，但“指东西的那个小家伙”要具体得多。

儿童希望看到图像，也会将他们自己想象成图像。正是在这些事中，我们会发现教师需要运用想象力、充满艺术性，只有这样教师才能以一种真正“活着”的灵魂品质与儿童互动。而这种“活着”的品质会以不可预估的方式对儿童产生影响。

人智学会令你再一次学会相信传说、童话和神话故事，因为它们以一种富于想象的图像表达了更高层次的真理。你讲述这些传说、童话和神话故事的方法会使其再一次充满灵魂品质。之后，当你和儿童对话时，你的一言一语都充满了你对这些故事的虔诚之心，由此你便将真理传递给了他们。然而，教师和儿童之间传递的常常是非真理，真理只会在其间游荡。“儿童是愚蠢的，而我是聪明的。因为儿童相信那些童话故事，所以我才要讲童话故事给他们听。”一旦教师说了这样的话，非真理就会立刻处于支配地位，智识性的元素也会立刻进入讲故事的过程。

但是儿童，特别是处于换牙期和青春期之间的儿童，是最为敏感的。他们能够感知到支配教师的是想象力还是理智。理智会带给儿童毁灭性的阻碍作用，而想象力则会带给儿童生命力和动力。

最为重要的是，你们要自己想清楚这些基础原则。在接下来的几天中，我会更为详细地讲解。但是，在今天进行总结之前，我还想提出另一个要点。

在儿童9岁到10岁之间，有件很重要的事情会发生。如果我们用抽象的方法说的话，那就是儿童学会将自己与周围的环境区分开来。儿童会感觉自己是“我”，而周围的环境是外在的、不属于“我”的。但是，这种表达方式太过抽象。从一般意义上来说，事实是这样的：

这个年龄段的儿童会带着一些问题或困难来找你。在大多数情况下，儿童不会直接告诉你究竟是什么困扰着他们的心灵，于是他们会跟你说一些其他内容。在这种情况下，你要知道儿童的这些问题其实来自他们灵魂的最深处，你一定要通过合适的方法给予他们正确的答案，因为这与儿童未来的全部生活息息相关。作为他们的教师，除非你有不可置疑的权威，否则你无法对这个年龄段的儿童进行教学。也就是说，儿童会产生这样的感觉：这是真的，因为你说它是真的；这是善的，因为你认为它是善的；这是美的，因为你觉得它是美的——所有的事情都是由你向他们指出的。对于儿童来说，你一定要代表真、善和美。因为儿童被你吸引着，所以他也必定会被真、善和美吸引。

在9岁到10岁之间，儿童的潜意识会本能地萌生出一种想法：我的所有知识都是从老师那里学来的，但老师是从哪里学来的呢？又是谁教的老师呢？这时，如果你给他们讲解概念或进行说明的话，那只会伤害到他们。重要的是，你要找到一个或多个充满爱的词语，充满心灵温暖的词语用以解释，这样一来，你就能够避免这种危险的情况，并且在保持你自己权威的同时保护儿童的自信心。这种困难期可能会持续数周或数月，因为此时儿童遇到了质疑权威的危机。如果遇到这种情况后你能通过温暖的方式既维持了自己的权威，又解决了儿童的那些问题；如果你能用内心的温暖、真诚和真实与儿童交流，那么你和儿童都会获益良多。儿童会对你的权威性产生信任，这对他们未来的教育是有所帮助的。同时，儿童在9岁到10岁之间，不能让其对好人的信任产生动摇，这一点也是很重要的。如果儿童对教师的信任有所动摇，那么本应指引儿童一生的内心安全感也会动摇。

这一点非常重要，你们一定要时刻谨记。教师手册中有许多错综复杂的教师指导细节，但比这重要得多的是，你要知道儿童在生命中的特定时间段会发生什么，而针对发生的情况你又该如何应对。唯有如此，你才能通过自己的行为，使你的光芒照亮儿童的整个人生。

第三讲

（1924年8月14日）

今天我们会就换牙期至青春期之间教育艺术的一般原则进行阐述，紧接着在下一讲会讲到对于单独学科和可能发生的特定情况的详细处理方法。

一旦儿童成长至9岁或10岁，他们便开始将自己与外界环境区分开来。这时，主观和客观第一次有了区别——主观是属于一个人自己的事物，而客观则是属于别人或别的事物。在这段时期之前，你在处理外界事物时，要将它们看作和儿童自己的身体浑然一体的，但现在你可以开始和儿童讨论外在的事物了。昨天，我向你们展示了如何与儿童讨论动物和植物，讲得就好像它们也能像人类一样说话和行动。这样一来，儿童就能够感受到外部的世界就是他们自身的延伸。

当儿童到了9岁或10岁时，你必须向他们介绍外部世界的基本事实，这些事实包括植物和动物王国。我之后还会提及其他内容。但在动植物这个领域中，你一定要根据儿童的天性所需、所问来引导教学的内容。

首先你要做的就是扔掉所有的教科书。因为现如今教科书中的内容对于我们在教学中提及的动植物王国完全没有用。这些教科书可以很好地教成年人认识动植物，但如果你在学校中使用它们，那么你会毁掉儿童的个性。说实话，现在也没有任何教科书或手册告诉我们在这方面应该如何教孩子。接下来要讲的这点很重要。

如果你单独将一棵植物摆在儿童面前，并向儿童展示这棵植物的不同部分，那你的这种教学方法是与现实相脱离的。单独的一棵植物并不是一种现实。同样的道理，如果你拔下一根头发并对其进行检验，就好像这根头发是完全独立的一样，这种行为是与现实不符的。在日常生活中，我们会说那些我们可以用肉眼看到轮廓的事物都是真实的。但你看到一块石头之后形成了某种观点，这是一回事；而你看到一根头发或是一朵玫瑰花，这又是另一回事。因为10年之后这块石头会和现在所见完全一样，但这朵玫瑰花只要两天后就会凋谢。只有当一朵玫瑰花在整个花丛中时，它才是与实际相符的。同样的道理，单独的一根头发什么都不是，只有当它长在头上、作为人身体的一部分时，它才是与实际相符的。如果你到田地里拔起一棵植物，这就像你在拔地球的头发一样，因为植物是属于地球的，就像头发是属于人类这个有机体的一样。一根头发又不能按照它自己的意愿想长就长，因此研究单独一根头发没有任何意义。

用小花盆将植物单独带回家进行观察，也是一种很愚蠢的行为。这和现实一点关系都没有，而且这种方法也不能教会人们了解正确的自然知识或关于人类的知识。

这里有一棵植物（见图5），但这并不是这棵植物的全部，因为植物下面的土壤也属于这棵植物，这些土壤会向四面八方延伸到很远的地方，因为有些植物的根系会延伸得非常远。当你意识到孕育植物的那一小块土壤是属于它周围的更大一片土壤时，你就会明白在土壤中施肥对于植物的健康成长有多么重要了。

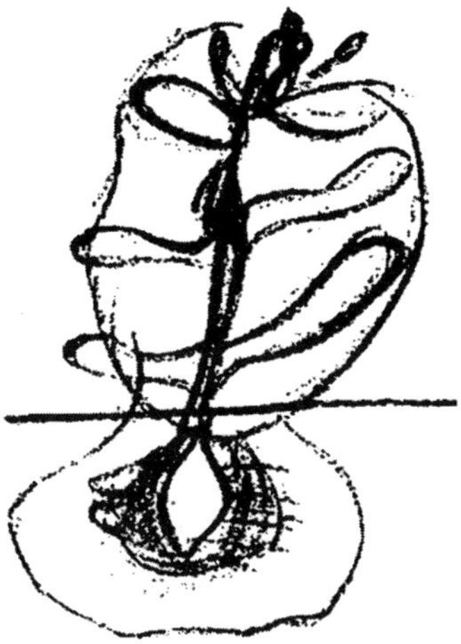
图5

还有别的东西和植物一起生长，那就是下面这个部分（见图5中横线以下的部分）。这个部分和植物一起生长且属于这棵植物，地球与植物一同生长。

有些植物在春天时会开花，在五六月份或秋天会结果，然后它们会枯萎、死亡，归于本就属于它们的土壤之中。但还有一些植物会从周围的环境中吸收地球的能量。如果这是土壤，那么植物的根系会吸收它周围的能量，这些能量会促使其向上发芽，一棵树便会这样形成（见图6）。

图6

一棵树实际上是什么呢？一棵树是许多植物的

栖息地。也许你认为一座小山丘自身并没有生命，但在山丘上有很多植物在生长；或者你设想一段树干，它就像是整个生机勃勃的地球投射在树上的缩影。不管你想到了哪一种，这都不重要。如果你只是研究单独的一棵植物，那么你无论如何都不能彻底了解它。

如果你去（最好是步行）一个地质构造十分明显的地方（比如红砂土）去观察那里的植物，那么你会发现那里的大多数植物都会开红黄色的花。花朵属于土壤，土壤和植物是一个整体，这就像你的头和头发是一个整体一样。

因此，你一定不能将地理学、地质学和植物学分开来教，那样的话就太荒谬了。地理学的教学一定要与对当地的描述和对植物的观察结合起来，因为地球是一个有机体，植物就像是这个有机体上生长的头发。儿童一定要能够认识到地球和植物是一个整体，地球上的每一片土地都支撑着属于它的植物。

所以在谈论植物时，唯一正确的方式是将它与地球联系在一起，并让儿童清楚地感受到地球是一个长着头发的鲜活生命体。每当人们谈论起地球时，首先提到的是地心引力，地心引力就像地球的附属品一样。但是地球上的植物的生长力和地心引力一样属于地球。地球和植物不可分就像一个人和他的头发不可分一样。植物和地球相互归属，就像头上的头发属于人一样。

如果你向儿童展示花盆里的植物，并告诉他们植物的名称，那么这种教学是不切实际的。这种教学方式会影响儿童的一生，因为这样掌握的植物知识永远无法让儿童真正理解，例如，应该怎样对待土壤、应该怎样给土壤施肥、土壤中的肥料是如何激活土壤的。只有当儿童真正了解土壤是植物的一部分时，他们才能明白如何耕作一片田地。现如今，人们越来越不了解现实世界的真相，对于现实世界了解得最少的就是那些所谓的“实用主义者”。因为他们想的全都是理论（我在第一讲中提到的那样），而且完全不了解现实，所以他们便会用一种破碎的、孤立的方式看待所有问题。

因此，在过去的五六十年中，很多地区的农产品质量严重滑坡。不久之前，在中欧举办了一场农业从业者会议，他们都承认现在的庄稼长势很差，恐怕在五十年之内都无法将质量提高到适合人类食用的程度。

为什么会这样呢？这是因为人们不了解如何用施肥的方法将土壤激活。如果他们被灌输了植物是脱离土壤单独存在的观念，那么他们自然不可能理解肥料的作用。植物和头发一样，本身并不是独立存在的物体，如果它可以独立存在，那么头发在一块蜡或一块油脂中也能像在头皮上一样生长得好。但是，头发只能在头皮上生长。

为了了解地球在植物的生命中究竟扮演了怎样的角色，你必须找出适合每种植物生长的土壤类型。只有将土壤和植物世界看作一个统一体；只有将地球看作一个有机体，并且植物与这个有机体是一起生长的，你才能掌握施肥的艺术。

因此，儿童从一开始就会感受到他们是站在一个有生命的地球上。这种感受对于他们一生都非常重要。就拿现如今人们对于地质层起源的了解来说，他们认为那不过就是一层堆积在另一层之上罢了。

但是你所看到的地质层事实上是硬化的植物和硬化的生物，并非只有煤炭才是曾经硬化的植物（它的根系更多是在水中，而不是在坚硬的土地上，它是完全属于地球的），其他如花岗岩、片麻岩等原本都曾是植物和动物硬化而来。

同样，只有将土壤和植物看作一个整体，我们才能理解这一点。对于这些事物来说，你要教给儿童的不仅是知识，而且还有他们对待这些事物的正确感受。当你从心灵科学的角度去思考这些问题时，你就会理解了。

你也许有世界上最强的意愿，你也许会对自己说：儿童一定要学习包括植物在内的所有内容，他们要通过仔细观察的方式来学习，于是在早期你会鼓励儿童将很多植物栽在漂亮的花盆中带回家，并对它们进行详细地观察，因为这是真实的体验。你坚定不移地相信这就是事实，因为这毕竟是对于客观物体的学习。但是，你从始至终看到的都不是真实的事物。因此，当下流行的实物教学方法简直荒谬至极。

这种学习植物的方式之不切合实际，就和头发究竟是生长在蜡块中还是人的头皮上一样两者没有根本区别。头发不能在蜡块里生长。这样的想法与儿童降临在尘世以前在精神世界中所接受的想法完全相悖。在精神世界中，地球看起来非常不同。矿物王国和植物世界的亲密关系是儿童在精神世界中可以体验到的一幅活生生的图像。为什么会这样？这是因为人类为了投胎进入肉体，他们必须吸收某种即将成为矿物质，但还未成型的元素，即所谓的以太元素。儿童身上含有某种植物元素，并且在儿童看来植物世界与地球息息相关。

如果教师进行的是普通的植物学教学，那么儿童在从精神世界来到尘世（一个富饶的世界）这一过程中经历的一系列的情感会变得困惑和混乱。要知道，如果儿童听到植物世界与地球是相互联系着的，那么他们会在精神上感到愉悦。

同样，我们也应该考虑如何向儿童介绍动物世界。即使只是粗浅地看上一眼，我们也能看出动物并不属于地球。它们在地球上跑来跑去，可以在这儿，也可以在那儿。因此，动物和地球的关系与植物和地球的关系是大不相同的。关于动物，还有其他的内容需要我们注意。

当我们观察地球上各种各样的动物时，我们可以先看看它们的灵魂品质。我们会看到残忍的猎食者、温顺的绵羊和富有勇气的动物。有些鸟类是勇敢的斗士，在哺乳动物中我们也能够发现勇气可嘉者。我们还会看到像狮子这样威严的野兽。事实上，动物们有不计其数的灵魂品质，而我们会描述某一种动物具有这样或那样的品质。我们说老虎是残忍的，因为残忍是它最重要、最显著的品质。我们说绵羊富有耐心，因为耐心是它最鲜明的特点。我们说毛驴懒惰，因为尽管在现实中它可能并不那么懒惰，但它驮东西的行为不知为何就会让我们想到懒惰。毛驴在其一生中对于改变自己的姿势这件事尤其懒惰，如果它现在正处于一种慢吞吞的心情，那么任何事情都无法使它走得快起来。因此，每一种动物都有它自己的独特之处。

但是，我们不能用这种方式来看待人类。我们不能认为一个人只是温和的、耐心的，也不能认为另一个人只是残忍的，第三个人只是勇敢的。如果地球上的人都是以这种方式分类的话，那这种安排也太过片面了。有时候，你确实能够发现这些品质以片面的形式存在于人类身上，但这远不及它们存在于动物身上的程度。在人类身上，特别是在教育人类时，我们会发现，一方面人类会遇到需要以耐心、勇气来面对的生活琐事，另一方面人类也会遇到需要以残忍——尽管这种残忍应该像顺势疗法[1]一样被加以控制——来面对的情况。或者，在特定情况下，人们可能只是因为他们自我天性的发展而表现出残忍，等等。

现在让我们来看一看，人类和动物的这些灵魂品质背后的真相是什么？我们发现人类真的能够拥有所有的品质，或者至少拥有各种动物所具备的品质的总和（每种动物都拥有一种不同的品质）。每种动物的品质人类都有一点。人类不像狮子那样威严，但他们也有威严的品质；人类不像老虎那样残忍，但他们在一定程度上也是残忍的；人类不像绵羊那样有耐心，但他们多少还是有点耐心的；人类不像毛驴那样懒惰——至少不是每个人都懒惰——但他们总还是有惰性的。所有的人类都拥有这些品质。当我们以正确的方式看待这件事时，我们便可以说，人类有狮子的天性、绵羊的天性、老虎的天性和毛驴的天性。所有这些品质人类都具备，并且所有的品质相互调节，在人类的

[1] 顺势疗法（Homeopathy），一种替代疗法，1796年由山姆·赫尼曼所创。此理论认为，如果某种物质能引起健康的人患某病的病症，那么将此物质稀释震荡处理后就能治疗该病症。例如洋葱会引起打喷嚏，那么多次稀释震荡后的极微小洋葱，就能治疗以打喷嚏症状为主的鼻炎。——译者注

身上和谐流动。或者，用学术一点的方式来说，人类综合了所有动物拥有的品质。人类的目标是能够达到适切的狮子的特性、绵羊的特性、老虎的特性和毛驴的特性，等等。这样一来，所有的品质都能够拥有适当的分量，并能与其他特性保持恰当的关系。

有一则优美的古希腊谚语是这样说的："若勇气与智慧相伴，将为君带来幸福；若二者分道扬镳，将使君走向毁灭。"如果我很勇敢，像某些鸟类那样不停地战斗，那么这无法为我的生活带来幸福。但是，如果我身上的勇气是与智慧相结合的——这种智慧在动物身上是片面的——那么勇气就能对我起到正确的作用。

对于人类来说，这是一个综合的问题，即如何让动物王国中的所有品质在人类身上变得和谐。我们可以这样表达：这是其中一种动物（我用图形来表达），这是第二种、第三种、第四种等，依此类推到地球上可能存在的所有动物。它们和人类的关系是什么呢？

我们可以说，动物和人类之间的关系是这样的：第一种动物身上的某些品质（见图7）经过一定的改良，以不完全的形式出现在人类身上。然后又有另一种动物的品质，同样也是只有部分而不是全部的品质。依此类推，所有动物的品质都包含在人类身上。动物王国是人类

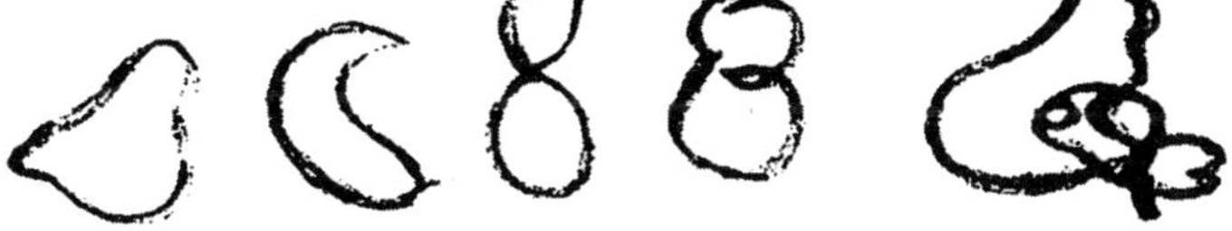

图7

特性分散的结果，而人类则是动物王国集中起来的结果。所有的动物都综合于人类体内，如果你对人类进行分析，那么你就会得到整个动物王国。

这一点同样适用于人类的外表。假如一个人的脸从这里被切下一部分（见图8），然后将另一部分拿过来拼在这里。如此，新的这部分与整张脸并不协调。如果再把额头缩进去，那我们得到的就是一幅狗的头部图像。如果你用另一种不同的方式进行组合，你还能得到狮子或其他动物的头部图像。

图8

因此，你能够发现，人类外形的所有器官都含有改良后的其他动物的外表特征，只不过是以较为和谐的形式存在于人类身上。

想象一只正在走路的鸭子的样子，你的手指就是鸭子摇摆的蹼在你身上的遗迹，只不过缩小了很多。因此，动物王国中的所有事，甚至是动物的外表，都能够在人类王国中得到体现。确实，人类就是这样发现他们与动物王国的关系的：他们了解到，全部的动物组成了人类。如今有18亿人生活在地球上，他们的价值有大有小，但作为一个整体，他们以一个巨大的人的形式存在。整个动物王国就是一个巨大的人，只不过没有被整合成一个综合体，而是以单独的形式分散存在。

想象一下，如果你是用松紧带做的，可以从各个角度、向各个方向拉伸，当你将外形从某一个方向拉出去时，那么你就会形成某一种动物的样子。或者，如果你将脸的上半部分向上推，并向外拉伸（假设你的脸足够有弹性），那么就会形成另一种动物的样子。因此，人类体内承载了整个动物王国。

在古代，教师就是这样教授关于动物王国历史的知识。这才是一种正确且健全的知识，但现在这种教法已经失传，而且是在相对来说离我们很近的时间失传的。在18世纪，人们依然知道，如果人类的鼻子的嗅觉神经足够大，并且向后延伸，那么这个鼻子就会变成狗的鼻子。但是，如果嗅觉神经已经萎缩，且只剩下一小部分，其他部分已经变形，那么由于变形形成的那部分就成了我们精神生活所需的神经。

如果我们观察狗是如何嗅的，就会发现它的嗅觉神经由鼻子向后延伸。狗能够嗅出每一样物品的特别之处。狗不会在头脑中描绘一幅图像，但它通过嗅这个动作感知所有事。狗并没有意志和想象力，但它有着针对所有事物的气味的感受力——一种绝妙的嗅觉！和人类相比，狗会发现这个世界同样有趣。人可以在头脑中描绘出所有事物的图像，而狗可以嗅出所有事物。我们能够闻出各种各样的气味，这些味道有的是我们喜爱的，有的是我们不喜爱的，但狗可以嗅出很多种气味——想想狗的嗅觉是多么的灵敏。现在我们有警犬，它们会被带到失窃的地方。警犬立刻就能嗅出味道，跟着这个味道找到嫌疑人。这些之所以有可能发生，是因为对于狗来说，这是一个充满气味的世界，它的嗅觉神经会将这些气味传回头部，传入它的颅骨中。

狗的嗅觉神经穿过它的鼻子向后延伸，因此如果我们想画出狗的嗅觉神经，就应该画出它向后延伸的样子。而人类只有一小部分位于底部的嗅觉神经保留了下来，其余的嗅觉神经已经改变形态，并存在于我们前额的下方。它是变形后的嗅觉神经，我们就是用这个器官在头脑中形成图像的。也正是因为如此，我们的嗅觉不像狗一样灵敏，但是我们能够在头脑中生成图像。我们体内有着类似狗的嗅觉神经的器官，只不过它是已经变形的器官，其他动物也是如此。

让我们再说得明确些吧。德国哲学家叔本华[1]曾经写过一本书，名叫《作为意志和表象的世界》（*The World as Will and Idea*）。这本书只是写给人类看的。如果这本书是一只狗的天才所写，那么它可能就会叫作《作为意志和嗅觉的世界》了。我相信，这本书会比叔本华的那本书更有趣。

你在教学中必须观察各种动物的外形，然后对他们进行描述，并且不能用各种动物都是孤立存在的方式来描述，而是要经常引发儿童思考：这其实是一幅关于人类的图画。如果你想象一个人这里调整一点或那里调整一点，经过简化或整合，那么你就会得到一种动物。如果你将一种低等动物，比如一只乌龟，放在一只袋鼠的头上，那么你组合出的动物头部就会十分坚硬，因为那部分是乌龟的形态，而下面的袋鼠就代表人类的四肢。

---

[1] 亚瑟·叔本华（Arthur Schopenhauer，1788—1860），著名德国哲学家，唯意志主义的开创者，其思想对近代的学术界、文化界影响极为深远。叔本华认为，意志是独立于时间和空间的，它同时亦包括所有的理性与知识，我们只能透过沉思来摆脱它。——译者注

因此，在这广阔世界中的任何地方，你都可以找到人类和动物之间存在的某种联系。

现在你们听到这些事觉得好笑，不过没关系，在课堂上谈到这些事时你们能笑一笑也是好的，因为你能带进教室的最好的东西就是幽默。对于儿童来说，笑一笑也是好的。因为，如果他们总是看到老师板着脸走进教室，他们也会跟着学，并且认为一个人坐在教室的课桌前时就应该摆出这种表情。但是，如果你把幽默带进教室，那么你就能让儿童开怀大笑，这是最棒的教学方法。总是一脸严肃的教师永远无法在儿童身上获得任何成就。

以上便是我希望向你们展示的了解动物王国的原则。如果还有时间的话，我们还可以再详细说明。但是，通过以上内容你会发现，将动物想成它们是人类以各种动物的形态分散出现的，利用这种方法可以进行关于动物王国的教学。

这会带给儿童一种非常优美且微妙的感受。就像我对你们指出的一样，儿童会了解到植物世界是属于地球的，而动物们是属于他们自己的。儿童与地球上所有的动植物共同成长，他们不再只是站在死气沉沉的土地上，而是站在生机勃勃的土地上，因为他们感受到地球也是有生命的。他们会渐渐地认为自己所处的地球就像一个巨大的生命体，比如像一头鲸鱼一样。这是一种正确的感受，这种感受会引导他们产生人类对于整个世界应有的、真实的感受。

所以，在关于动物方面，儿童感受到了所有动物都与人类有关，但人类有一些超越所有动物的品质，因为他们将所有动物都综合于自身之内了。有些科学家提出人类是由动物进化而来的，而接受过以上这种教育的人便会对这种无稽之谈一笑了之。因为他们知道人类自身整合了整个动物王国，人类是动物王国中每个个体的综合体。

我前面讲过，在9岁到10岁之间，儿童开始将自身和外界区别开，即自身是主体，而外界是客体。此时，人类自身和周围环境之间就有了区分。在儿童成长至这个年龄以前，你应该只对他们讲童话故事和传说，在这些故事中，石头和植物都可以像人类一样谈话和行动。这是因为，此时的儿童还不能将自身和外界环境区分开。但当他们已会区分时，你必须要在更高层次上带领儿童接触外界的环境。在谈论我们所居住的地球时，你必须让儿童感受到地球和植物自然而然就是一个整体。如此，儿童就会对农业有实际的概念，并且会了解例如，农民之所以要为土壤施肥是因为某种特定的植物需要从土壤里吸取某一种生命力。这样一来，儿童就不会把一棵植物从花盆中拿出来单独研究它了，也不会再以孤立的方式去观察动物，而是会认为整个动物王国就是人类的细分，它们分布在整个地球上。因此，我们会了解到我们以人类的身份立足于地球之上，同时我们也了解了动物在与人类的关系中扮演着怎样的角色。

在儿童10到12岁之间，你应该唤醒他们关于植物—地球、动物—人类的观念，这一点非常重要。只有这样，儿童才可以用他们全部的身体、灵魂和精神，以一种非常明确的方式在世界上立足。

所有这些内容一定要用充满艺术的方式传授给儿童，因为正是经由学习并感受植物是属于地球和土壤的，儿童才变得聪明。然后，儿童的思考就会与自然和谐地融为一体。你向儿童展示了我们是如何与动物世界相联系的，通过这一过程，你也向他们展示了所有动物的“意志力”是如何存在于人身上的，只不过是以一种不同的、适合人类个体天性的形式存在着。所有动物身上天性存在的品质和感受也在人类身上存在着。人类会以这种方式接收内动力，因此人类也根据自身的天性在这个世界中找准自己的定位。

现如今，为什么人们来回游荡，好像丢失了自己的根一样？大家都可以看到，现在的人们甚至不会正确地走路，他们不是正常地迈步，而是拖着两条腿走来走去。人们在体育运动中学到了不同的走路方式，但这都是不自然的。但是最重要的是他们不知道如何思考，也不知道自己的一生该做些什么。如果你把他们放在一台缝纫机或者一部电话前，又或是替他们安排好一次远足或环球之旅，那么他们知道该怎么做。但他们依然不知道一生该做些什么，因为他们所接受的教育并没有引导他们找到自己应该在世界中所处的位置。通过杜撰一些关于正确教育方法的词语并不能改变这种情形，你必须找到正确的方法，在具体的细节中谈论植物与土壤、动物与人类的关系。只有这样，人类才能以本应有的方式站在地球上，也才会产生对待世界的正确态度。这一点必须在你的课堂中有所体现。这不只是一件重要的事，而且是一件必要的事。

发现不同年龄段的儿童的发展倾向，一向都是我们要解决的问题。你需要真正进行观察并了解人类的本质才能做到这一点。请你们再回想一下我已经讲过的两点，你会发现9岁或10岁以前的儿童真的需要整个外部自然界被描述成鲜活的样子，因为这时的儿童还没有把自己与外部自然界分离开。因此，我们要给儿童讲童话故事、神话和传说。我们利用周围环境中的事物创造故事，就是为了能够用故事、描述和图像展示的方式，以艺术的形式唤醒儿童与生俱来的、在他们灵魂深处的品质。之后，在儿童9岁或10岁之后，可以说在10岁至12岁之间吧，我们再用刚才描述的方式向他们介绍动植物世界。

我们要非常清楚地知道，尽管因果关系的概念在当下十分流行，但它根本不是10岁或11岁这个年龄段的儿童需要理解的内容。我们现在已经习惯于用因果关系考虑所有事情。这是基于自然科学的教育带来的结果。但是，正如我们每天在生活中实践的那样，和不到11岁或12岁的儿童讨论因果关系，就像是和色盲的人讨论颜色。如果你用人们现在习惯的方式和儿童讲因果关系，那你就超出了儿童所能理解的范围。儿童首先需要的是生动的图像，这种图像中并没有因果关系。即使在儿童10岁以后，这些因果关系的概念也只应该以图像的形式传授给他们。

只有当儿童成长至12岁时，他们才做好了了解因果关系的准备。因此，教师不应该在儿童十一二岁之前便将那些主要涉及因果关系的分支学科——例如物理学等无生命的科学——引入课程。在此之前，教师不应该教授儿童矿物学、物理学或者化学。在儿童十一二岁之前，上述这些学科都不适合他们学习。

关于历史，在儿童12岁之前，教师应该用某些历史人物的图片和细致描绘的历史事件图表进行教授，让历史变得鲜活起来，而不是用一篇历史评论告诉儿童先发生的事情是原因，之后发生的事情是前一件事情的结果——尽管这种讨论历史的实用主义方法正是我们的文化引以为傲的。儿童无法理解这种实用主义的、因果关系式的历史观，就像色盲的人无法理解不同的颜色一样。此外，如果一个人接受的教育都是根据因果关系进行的，那么对于人生他就会产生完全错误的理解。我想利用一幅图来说明这一点。

想象一下，有一条河像这样流淌着（见图9）。

图9

这条河中有许多波浪。但是，如果你认为波浪 c 是由波浪 b 造成的，而波浪 b 又是由波浪 a 造成的，也就是说你认为波浪 c 是波浪 b 的结果，波浪 b 又是波浪 a 的结果，那就不一定正确了。事实上，这些波浪是由许多互相作用的力量在其下活动而造成的。而历史也是一样的情形。1910年发生的事情不见得就是1909年发生的事情造成的结果，依此类推。但是，儿童在早期应该有这样一种感受，即历史事件都是随着时间的推进一件一件发生的，也就是像前面所说的，是由多种力量激起了历史的浪花。然而，只有将对于因果关系的教学推迟至儿童12岁时，他们才会产生这种感受。在12岁之前，你应该只给他们提供图像。

再者，这对教师的想象力提出了要求，教师一定要满足儿童的上述需求，而一旦教师掌握了关于人类的知识，那么他们便可以满足儿童的这种需求。这可以说是一个先决条件。

你的教学一定要从人类特有的天性出发，因此，道德教育必须和我向你们描述的真正的教育并驾齐驱。现在，作为总结，我想就这一主题的注意事项再补充几点，记住，我们一定要从儿童的天性出发来决定对待他们的方法。如果你教7岁的儿童因果关系的概念，那你就是在阻碍儿童天性的发展。惩罚儿童也同样违背了他们天性的真正发展。

在华德福学校，我们已经有了一些关于惩罚的令人满意的经验。在学校中最常见的惩罚是什么呢？例如一个孩子做错了事，结果就被要求"放学后留校"做算术题。在华德福学校，我们有过一次奇特的经历：有三四个儿童由于表现得不好，所以被留下来做些加法题。这时其他儿童说道："可是我们也想留下来做加法题呀！"因为这些儿童在成长的过程中被灌输的理念是：做算术题是一件好事，而不是一项处罚措施。你不应该让儿童产生留下来做加法题是一件坏事的想法，而应该让他们觉得这是一件好事。这就是为什么全班孩子都想留下来做加法题。所以，如果你希望儿童接受的教育对他们的灵魂起到积极的作用，那么你一定不能选择那些不该作为惩罚的惩罚方式。

让我再举另外一个例子。斯泰因博士是华德福学校里的一名教师。在遇到偶发事件时，他经常能够想到一些非常好的教育方法。有一次，他注意到班上的学生在课桌下传纸条。他们并没有注意听讲，而是在纸条上写字，然后将其传给同桌的同学，同桌的学生写好回复后再传回来。斯泰因博士并没有因为他们传纸条而责骂他们，说些“我一定得惩罚你们”这样的话，相反，他突然谈论起了邮政系统并开始给学生们讲起了课。一开始，学生们都感到很奇怪，因为他们不知道老师为什么突然会讲起邮政系统，但是他们很快就明白了老师这么做的原因。这种不露声色转移话题的方式让学生们感到很羞愧。他们对自己的所作所为感到难为情，单单因为他们明白了老师将邮政系统的内容引入课堂的原因之后，他们就停止了传纸条的行为。

因此，掌控课堂要求教师要有创造性。你不能简单地按照死板的传统方法进行教学，你必须真的能够融入儿童的生命中去。儿童的进步才是我们进行惩罚所希望得到的结果，你要知道在特定的情况下，如果你能够以不引起儿童本人或其他儿童注意的方式让他们体会到羞耻心，那么，这要比那些粗鲁的惩罚奏效得多。如果教师能够遵循这样的方法，那么他们在儿童面前就是精神活跃的，课堂也会和谐得多而不会变得乱糟糟。

教师首先要具备的品质是自我认识。比如，如果一个儿童因为同桌做了些什么而感到生气，或因为没耐心而把墨水渍弄在了他的书本上或课桌上，教师一定不能因此对他大喊大叫，说：“你一定不能生气！好人从来都不会生气！一个人永远都不应该生气，而应该平静地忍受一切。如果我再看到你生气的话，我就会把墨水瓶扔到你的头上！”

如果你这样教育儿童（很多教师经常会这样做），那么你将一事无成。教师一定要控制好自己，最重要的是绝不要在责备儿童的同时犯了与儿童一样的错误。你一定要知道儿童天性中的潜意识部分是如何工作的。一个人在意识层面的聪慧、感受和意愿只是灵魂生命的一小部分。在人类天性的深处，即使是儿童，以其不可思议的谨慎和智慧支配着我们的星芒体[1]。

我经常看到有的教师在学生面前拿着一本书照本宣科，或是不断地查看记有为儿童准备的问题的笔记本，这让我感到十分恐惧。儿童并不会有意识地注意到这一点，这没有错，但是，如果你注意到了这一点，那么你会发现儿童潜意识中的智慧会告诉他们自己："我的老师不知道我该学习的内容，那我为什么又要学习这些连我的老师都不知道的东西呢？"如果教师不能脱离书本进行教学，那么儿童潜意识的天性就会做出这样的评价。

这一类不可估量却又微妙的事情对于教学极为重要。因为，一旦儿童的潜意识，即他们星芒体本性的部分，注意到了教师并不了解他正在教的内容，而需要在书本中查找答案，那么儿童就会认为这些内容没有必要学习。而儿童星芒体的运作可比大脑中的意识要坚决得多。

以上就是我在今天的课上想要讲的内容。在接下来的几天，我会涉及儿童教育中的一些特殊课题以及其各个不同阶段。

---

[1] 星芒体，也被称为知觉体，人智学认为它是人类身体的一个组成部分，是苦痛、快乐、行动、渴望、激情等的传达者。它分布于身体四周，透露出生机蓬勃、光辉的图像。——译者注

第四讲

（1924年8月15日）

我已经向你们展示过，在儿童换牙期到9岁、10岁这段时间中该如何以描述性的、充满想象力的图像对儿童进行教育。因为在这段时间中，儿童从你身上接收到的信息将存在于他们的心识和灵魂之中，作为一种自然的发展贯穿他们的一生。

当然，唯有在你唤醒的感受和想法是活跃的情形下，这才有可能实现。如果你唤醒的感受和想法是死气沉沉的，那便不可能实现。想要做到这一点，你自己首先要获得关于灵魂内在生命的感受。教师和教育工作者必须对自我教育充满耐心，并将这种耐心用于唤醒能够真正发芽成长的灵魂。之后，你也许就能拥有最奇妙的发现。但是，如果想要做到这一点，你必须在最初的几次尝试中保持勇气。

如你所见，每当你想要进行精神上的活动时，你一定要能够忍受自己的笨拙和局促不安。有些人从一开始就不能容忍自己的笨拙，也不能容忍自己做傻事、不完美的事，这些人最终也无法完美地提升自己的内在生命。特别是对于教育来说，你首要的任务就是点燃自己的灵魂。如果有那么一两次，你成功地想出了让儿童印象深刻的一种图像展示，之后你就会在自己体内发现一些非同寻常的东西。你会发现创造那样的图像将变得越来越容易，你会发现自己变得越来越有创造力——这在之前是连做梦都没有想过的。但是要想做到这一点，你必须有勇气从一开始便接受自己的不完美。

也许你会说，如果一定要以这种笨拙的样子出现在儿童面前，那还是永远别做老师了。但是，正是在这里，人智学的观点可以为你提供帮助。你一定要告诉自己：由于因果业缘[1]的作用，我可以以教师的身份和这些孩子在一起，尽管我的表现有些笨拙。在孩子面前，我本不应该表现得笨拙，但那是将来的事——在将来的岁月中能够遇到他们，也同样是因果业缘的作用。因此，教师和教育工作者必须勇敢地面对他们的生活，因为，教育实际上不是关于教师的，而是完全关于儿童的。

让我再给你们举一个例子，以说明有些事可以沉浸到儿童的灵魂中，并随着儿童一起成长。这些事在以后的岁月中会再度重演，并且可以唤起儿童特定的感情。没有什么能比在儿童七八岁时以图像的形式教他们更富有成效了，之后，或许当儿童成长至十四五岁时，你能再次以某种形式涉及这种图像形式。正是由于这个原因，我们试图让华德福学校中的儿童尽可能长时间地由同一位老师教育。当儿童7岁

---

[1] 在谈及人类在地球上轮回转世背后主宰的力量时，斯坦纳博士沿用了东方古老的文字“业（karma)”，参见斯坦纳博士所著的《神智学》（*Theosophy*）第二章。——译者注

来到学校时，当时带他的那位老师会尽可能一直带这个班。我们给予儿童的如萌芽般的内容能够一次又一次地使教学方法得到改善，这是一件很好的事。

现在，假设我们给一个七八岁的儿童讲一个虚构的故事。他并不需要立刻理解这个故事中的所有画面，后面我会讲解他为什么不需要理解。重要的是儿童喜欢听这个故事，因为这个故事十分优美，让人陶醉。假设我要给儿童讲下面这个故事：

很久以前，在某一个世界，阳光透过树枝的缝隙洒落下来，有一棵紫罗兰——一棵小小的紫罗兰，长在一棵有大大的叶子的树下。透过树顶的间隙，小紫罗兰可以看到蓝蓝的天。今天早上是她第一次看到蓝天，因为她才开花没多久。这朵小紫罗兰看到蓝天时被吓坏了——确实，恐惧战胜了她，但她还不知道自己为什么会这么害怕。这时，一条狗跑了过来——不是那种好脾气的狗，而是一条很暴躁的、坏脾气的狗。小紫罗兰就问这条狗："你能告诉我上面那个跟我一样蓝的东西是什么吗？"因为天空就像小紫罗兰一样蓝。这条不怀好意的狗告诉小紫罗兰说："噢，那是一朵和你一样的紫罗兰，他会长得非常大，足够把你压扁。"小紫罗兰因此更加害怕了，因为她相信天上的那朵大紫罗兰会将自己压扁。于是，小紫罗兰收起了所有的小花瓣，再也不想看天上的那朵大紫罗兰一眼。一阵风把树上一片大大的叶子吹了下来，小紫罗兰就把自己藏在这片大叶子下。结果，她整天都把自己藏起来，因为她太害怕那朵巨大的紫罗兰了。

天亮了，小紫罗兰一夜都没睡，因为她整夜都在想那朵据说能够压扁自己的大紫罗兰。她每时每刻都在想，第一下撞击什么时候会发生，但并没有任何动静。早上，小紫罗兰从叶子底下爬了出来，她一点也不累，因为她一整夜都在思考。她神清气爽，一点也不累（紫罗兰睡觉的时候才会累，它们不睡觉就不会累）。小紫罗兰首先看到的是冉冉升起的太阳和玫瑰色的朝霞。在看到玫瑰色的朝霞之后，她再也不害怕了。朝霞使她的内心感到快乐。很快，朝霞褪去了，浅蓝色的天空一点点地出现。天空变得越来越蓝，小紫罗兰又想起了那条狗对她说的：蓝天是一朵巨大的紫罗兰，将会掉下来把她压扁。

这时，一只小羊走了过来。小紫罗兰觉得她一定要再问问头顶上的东西究竟是什么。“上面是什么呀？”小紫罗兰问道。小羊回答道：“那是一朵大大的紫罗兰，跟你一样蓝。”然后，小紫罗兰又开始感到害怕，她以为她会从小羊这里再一次听到那条邪恶的狗所说的话。但是，这只小羊看起来又善良又温和，因为他有一双温和的眼睛，所以小紫罗兰又一次问道：“亲爱的小羊，请你一定告诉我，上面那朵巨大的紫罗兰会掉下来砸扁我吗？”“噢，不会，”小羊回答道：“他不会砸扁你的。那是一朵巨大的紫罗兰，他心中的爱也比你心中的爱多得多，正如他比你要蓝得多一样。”小紫罗兰立刻就明白了，天上是一朵不会压扁自己的巨大的紫罗兰，他之所以那么蓝是因为他有更多的爱。而且，那朵巨大的紫罗兰会保护她，不让这世界上的任何事物伤害她。小紫罗兰感到非常开心，因为她看到巨大的紫罗兰时就像见到了一种神圣的爱——这种爱从四面八方向她涌来。之后，小紫罗兰一直抬头看着蓝天，她希望能够向紫罗兰之神祈祷。

如果你给儿童讲类似这样的故事，那么他们一定会听，因为他们总是爱听这样的故事。但是，你一定要在儿童情绪适合的时候讲，这样，儿童在听完故事之后才能以某种方式感受到他们要融入这个故事，并将这个故事融入自己的灵魂中。这一点非常重要，而且它完全取决于教师是否能够通过自己的感受维持课堂秩序。

这就是为什么在提到上面那些内容时，我们也必须考虑维持课堂秩序这个问题。以前华德福学校有一位老师，他会讲很多最为精彩的故事，但是，他没办法让儿童尊重他并且拥有绝对的爱。结果如何呢？第一个激动人心的故事讲完了，儿童立刻想要听第二个。然后他们又立刻想要听第三个，这位老师只能再次让步，为儿童准备了第三个故事。最终的结果是，过了一段时间，这位老师已经无法准备足够多的故事了。我们一定不能像一个蒸汽泵一样，不间断地把各种内容灌给儿童。教学的过程一定要有变化（我们一会儿会讲到），这时我们可以让儿童进一步提出问题。我们可以从儿童的脸上和姿态中看出他们想要问问题。我们要给他们留出问问题的时间，然后将这些问题与刚才讲过的故事联系在一起讨论。

因此，一个孩子也许会问：“为什么那条狗会对小紫罗兰说那么可怕的话呢？”这时，你可以以一种简单的、孩子式的方式告诉他，因为狗这种动物的职责是看守，它们要把恐惧带给人们，它们习惯于让人们害怕它。这样，你就可以解释为什么那条狗要给出那样的回答了。

你也可以向儿童解释为什么小羊给出了不一样的答案。在讲完上面那个故事之后，你便可以继续跟儿童讲这一类事情。之后你会发现，一个问题会引出另一个问题，最终儿童会提出各种你能想象得到的问题。在做这些事情的过程中，你的任务就是将课堂置于一种不容置疑的权威之中（关于这一点我们还有很多内容要讲），否则，就会发生这样的情况：你正在跟一个孩子说话时，其他的孩子便开始打闹，甚至做各种各样的恶作剧。如果这时你不得不转身批评这个孩子，那你就输了！你需要有一种天赋，那就是不被一些事情吸引你的注意力，对于年幼的儿童来说，这一点尤其重要。

我非常欣赏我们一位老师处理这种情况的方法。几年前，他的班里有一个调皮捣蛋的孩子（他现在已经有了很大进步）。有一次，老师正在和前排的一个学生做别的事，这个调皮的男孩从自己的座位跳出来就给了前排这个学生一拳。如果老师对于这件事小题大做，那么这个调皮的男孩就会继续调皮下去。但是，这名老师根本没有理会这件事。在特定情况下，最好的处理办法就是不去理会，继续以积极的方式对待儿童。一般而言，对消极的行为做出反应是很不好的教学法。

如果你不能维持班上的秩序，如果你没有这种不容置疑的权威（一会儿我会谈到如何获得这种权威），那么结果就会像刚才那个例子一样，教师要不停地讲故事，儿童会一直处于紧张的状态，无法放松。这时，教师可以通过传达别的内容来舒缓儿童的紧张情绪。这是一定要做的，否则儿童最终会变得神经紧张，你会看到第一个儿童离开了座位开始玩耍，第二个儿童也站起来开始唱歌，第三个儿童开始做优律思美，第四个儿童打她的同桌，而第五个儿童冲出了教室，于是教师再没办法把他们集中起来听下一个精彩的故事了。

你处理教室里各种好坏情况的能力，取决于你自己灵魂的状况。在这两者之间的关系上，你会经历很多奇异的事，但这主要还是你有没有足够自信心的问题。

教师要带着这样的心境进入教室，即要使自己的理智和灵魂都能与儿童的心灵相通。要做到这一点，唯一的途径就是你一定要了解你的学生们。你会发现即使你的班里有超过五十个孩子，你也能够在一段相对较短的时间内掌握这种能力。你可以去了解他们每一个人，然后在自己的脑海中形成一幅相应的图画。你会了解每个孩子的脾气、特殊的天赋和外貌特征，等等。

教师会议是整个学校生活的核心。在教师会议上，我们会仔细讨论每个儿童的个性。教师从这个每周一次的会议上学到的内容都来自对儿童个性的优先考虑。教师能够通过这种方式完善自己。儿童会引出一系列的谜团，在解决这些谜团的同时，你会产生一种感受，你应当将这种感受带入课堂。如果教师的内心与儿童的内在感受不相应（有时候会出现这种情况），那么儿童就会立刻站起来捣乱，并且在一节课还没开始的时候就互相打闹（我知道这里的情况要好很多，但是我所说的是在欧洲中部发生的情况）。这种情况很容易发生，但之后这名教师便无法再继续教学了，你就要换另一名教师。结果，换了老师之后，这个班级从第一天起就成了完美的模范班。

这些事很容易在你身上发生，这完全取决于教师每天早上是否愿意仔细思考每个孩子身上的独特之处。你也许会认为这样做至少得花一个小时的时间。的确，如果真的要花一个小时的时间，那就不可能做到了。事实上，这并不需要那么长的时间。大约只需要十到十五分钟的时间。教师必须逐步培养能够洞察每个儿童理智和灵魂的能力，因为唯有如此，你才有可能立刻看出教室中究竟发生了什么。

要想为你的看图讲故事提供适当的气氛，你首先必须深刻了解儿童不同的气质[1]类型。这就是为什么根据儿童的不同气质类型区别对待他们在教学中如此重要。你会发现，最好的办法就是一开始让具有相同气质类型的儿童坐在一起。这样做之后，你首先就会对班级有全面的认识，你就会知道哪一群是胆汁质的儿童，哪一群是抑郁质的儿

[1] 气质（temperament），指一个人内在的人格特质。最为典型的气质类型有四种，分别为：胆汁质（兴奋型）：热情、大胆、冲动、情绪变化剧烈；多血质（活泼型）：直率、风趣、求知欲强、注意力易分散；黏液质（安静型）：稳重、沉默、踏实、反应较迟钝；抑郁质（抑制型）：冷漠、孤僻、回忆深刻、悲伤。——译者注

童，哪一群是多血质的儿童。这种方法也会让你站在有利的角度了解整个班级。

事实上，你研究儿童后并按照他们的气质类型安排座位这一行为的意义在于帮助你维持课堂上不容置疑的权威地位。这些事往往有着你最意想不到的效果。所有教师和教育工作者都必须针对内心进行修持。

如果你将黏液质的儿童安排在一起，那么他们就会互相纠正，因为他们会互相厌倦，直至他们发展出对自己冷漠品性的反感，但是随着时间的推移，他们会不断地改善。胆汁质的儿童会互相打闹，最终，他们也会厌倦这样的互相打闹。所以，相同气质类型的儿童坐在一起，他们在互相磨掉对方的棱角方面特别有效。但是当教师和儿童对话时，比如教师要和儿童讨论我们刚刚讲过的那个故事时，教师必须发展出一种不言自明的本能天赋，能够依据不同儿童的气质类型来对待他。比如，有一个黏液质的儿童，如果我想跟他讲刚刚那个故事，那么我必须比这个儿童表现出更多的黏液质特性。对于多血质的儿童来说，他们的思维总是从故事中的这个情节跳到下一个情节，没有定性，那么我就必须试着以比他更快的速度在各个情节中转换。对于胆汁质的儿童，你必须以快速而坚决的方式进行教学，也就是说你自己也要成为胆汁质，如此你在这个儿童的脸上会看到，你的怒容让这个有易怒倾向的儿童十分厌恶。你一定要以其人之道还治其人之身，只要你不让自己做出荒唐可笑的行为就好。因此，你逐渐地就能够创造出一种氛围——在这种氛围中，上面这样的故事不仅能够将儿童联系在一起，而且能让儿童在听完故事后加以讨论。

但是，在让儿童复述故事之前，你必须先谈谈这个故事。最糟的教学方式是你先讲一遍故事，然后说："伊迪斯·米勒，现在你来复述一遍这个故事。"这种方法毫无意义，唯有你先用或聪明或愚蠢的方式（在课堂上，你不需要总是表现得很聪明，有时候你可以表现得傻一些，通常一开始你一定会表现出有点傻的样子）讲一遍，才会有意义。以这种方式，儿童会把故事变成他们自己的。这时，如果你想的话，也可以让他们再讲一遍故事，但这并不那么重要。这是因为，这个故事没有必要在他们的脑海中停留太久。事实上，对于我所说的处于换牙期到九至十岁之间的儿童来说，这根本不成问题。让儿童尽可能记住他们能记住的内容，即使忘记了也没关系。对于记忆力的训练可以通过讲故事之外的其他方法来完成，这一点我一会儿会提到。

现在让我们来考虑下面这个问题：为什么我要选择这个内容的故事呢？因为这个故事中提到的想法—图像可以在儿童的身体内生根发芽。这个故事里的很多内容都可以让你之后回过头来再次回味。故事中的小紫罗兰因为看到天空中的大紫罗兰而感到害怕。这时你不需要向儿童解释这件事，但在之后的教学中当涉及更复杂的主题时，当出现恐惧这个主题时，你就可以再次让他们回想这个故事。这个故事中既有渺小的事物，也有巨大的事物，因为在我们的生命中，小东西和大东西就是这样不断反复出现并互相影响的。之后，你可以再回过头来讲这件事。这个故事的前半部分主要集中在那条狗给出的邪恶意见和之后小羊说出的温暖人心的话。当儿童长大后，你会发现由以前讲过的故事引领儿童认识善与恶、认识这两种对立的感受深深地植入人类的灵魂之中是一件非常容易的事情。即使是对年龄较大的学生，你也可以再次讲述这个简单的故事。你可以向儿童指出，我们经常害怕很多事，但这只是因为我们误解了它们，因为它们以错误的方式展现在我们面前。这种被分裂为两极的故事可以在之后与不同的课堂内容相结合，在未来的岁月再次讲述这个故事时，它会以最精彩的方式得到证明。

关于宗教信仰的内容要等儿童大一些才能教授。但在关于宗教的课堂上，你可以用这个故事让他们经由什么是伟大的观念发展出宗教感。所谓伟大，就是能够保护弱小，一个人必须通过从他自己身上找到伟大的要素（有一种保护弱小的冲动）来发展他对宗教的真正情感。那朵小紫罗兰是弱小的蓝色生命，天空是伟大的蓝色生命，因此，天空就是伟大的紫罗兰之神。

你可以将这个故事运用在不同层次的宗教教学中。之后，你可以向儿童展示人类与上帝的关系，这是一个多么美妙的类比啊！你可以这样告诉儿童："你看，这个巨大的天空紫罗兰——紫罗兰之神，他向四面八方延伸，并且全都是蓝色的。现在你想象一下，我们从它身上切下一小块，就有了那朵小紫罗兰。因此上帝就像大海一样伟大。你的灵魂就像上帝这片大海中的一滴水。当来自大海中的水形成一个小水滴时，这个小水滴里的水和大海里的水是一模一样的！因此，你的灵魂和上帝的灵魂一样伟大，只不过你是其中的一滴。"

如果你找到了合适的图像，那么在儿童教育的早期你就能一直使用这种教育方法，因为当儿童变得成熟后，你可以再次向他们讲述这些图像。但是，你必须在创造图画的过程中得到快乐。之后你会发现，当你用自己的创造力创造了十几个这样的故事后，你就再也停不下来了。不论你在哪里，这些故事都会时时浮现。因为人类的灵魂就像一股永不枯竭的泉水，一旦完成了第一次推动，之后你就可以从这股泉水中得到无尽的宝藏。但是，人们太懒惰了，他们甚至不愿意试着去努力激发他们灵魂中深藏的潜质。

我们现在来谈谈图像教学法的另一个分支。我们必须牢记，成年人的理智有它自己的独立性，对于年幼的儿童来说这种理智不应该被培养，所有的思考都应该以图像和想象的方式来发展。

即使对于8岁左右的儿童来说，你也能够轻易地进行以下这种练习。他们在一开始会很笨拙，但这没有关系。比如，你可以画出这样一个图形（见图10）。你必须尝试使用各种办法让儿童意识到这个图形并不完整，好像缺了些什么。当然，要想做到这一点，你需要根据不同儿童的个性而定。比如，你可以说："看，这边往下画到了这儿（左半边），但这边只往下画到了这儿（右半边是不完整的图形）。这很不好看，因为左边一直画到了下面，而右边只画了这么短。"这样，你就能让儿童逐步完成这个图形。儿童会感受到这个图形没有完成，而且需要被画完整。最终，儿童就会在图形上画上缺少的部分。我用红色来画，儿童当然也可以用白色，我只是想要表达后来添加的线条是用另一种颜色画上去的。一开始，

图10

儿童的尝试会非常笨拙，但是通过平衡两边的图形，儿童会逐渐发展出充满思考的观察能力，以及充满创造性观察的思考能力。这样，儿童的所有思考都会变得形象化。

图11

当你在课堂上已经成功地让几个儿童以这种简单的方式完成图形后，接下来你就可以更进一步了。你可以画一个类似这样的图形（见图11左半部分）。在让儿童感觉到这个复杂的图形还未完成后，你可以引导他们画出这个图形完整的部分（见图11右半部分）。这种方式可以激发儿童对于图形的感受，并且会帮助儿童学习对称和协调。

这种方法还可以进一步深入。比如，你可以唤醒儿童对支配这个图形（见图12a）的内部法则的感受。他们会看到，图中有的地方的线条连在了一起，有的地方的线条是断开的。这种线条的连接和断开，你很容易让他们体验到。

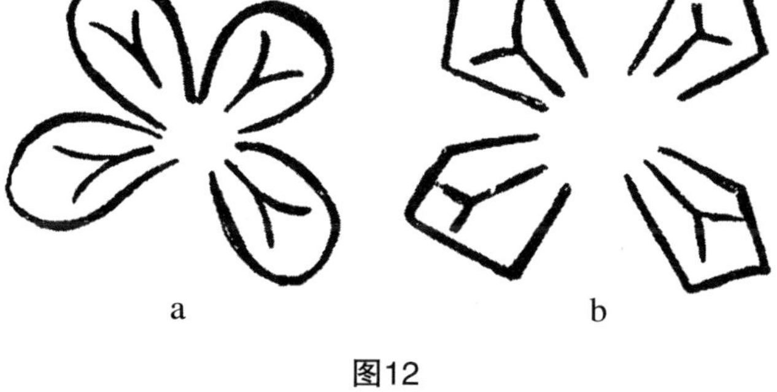

a　　b

图12

然后你再画下一个图形（见图12b）。你将图12a中弯曲的线条画成有棱有角的直线，儿童要让图形里面的线条互相对称。对于8岁的儿童来说，这有些困难，但是，恰恰是在这个年龄，如果你能够让他们完成各种图形，那都是一项很大的成就，就算你先示范给他们看也没有关系。你应该让儿童自己画出里面的线。他们必须记住图a的特点，再运用到只由直线和棱角构成的图b中。

通过这种方法，你可以让儿童对图形、协调、对称和线的对应等产生真正的感受。在此基础上，你可以继续延伸到物体是如何被反射的。如果这是水面（见图13的横线），这是某一个物体，你必须唤醒儿童脑海中关于物体是如何被反射的图像。通过这种方式，你能够引导儿童感受世界上其他具有协调感的东西。

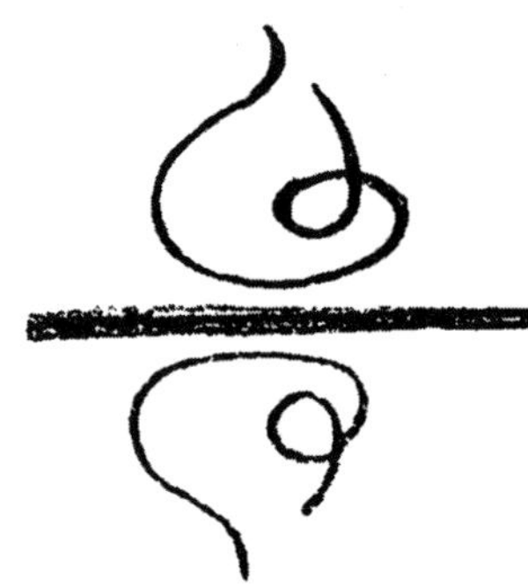

图13

你可以对儿童说："用你的左手摸右眼！用你的右手摸右眼！用你的右手从后面摸左肩！用你的左手摸右肩！用你的右手摸左耳！用你的右手摸右脚的大脚趾！"这种形象的、有创造力的思维可以帮助儿童变得更加协调和灵巧。你可以让儿童做各种各样稀奇古怪的练习，比如，"用你的右手向左画一个圆圈！用你的左手向右画一个圆圈！用你的两只手画两个相切的圆圈！两只手朝不同的方向画两个圆圈！要越画越快！现在快速地活动右手中指，现在活动拇指，现在活动小指”。

这样，儿童就能以一种快速、警觉的方式学会做所有练习。这会带来什么结果呢？在儿童8岁时，这些练习会教会他们如何思考——为了他们的余生去思考。用大脑直接思考并不能持续一辈子，这种思考方式会让人们在之后的生活中“疲于思考”。但是从另一方面来说，儿童必须用他们的身体做出不同的动作，这需要高度的机敏，需要他们提前想到。这样，他们在未来的生活中就会变得明智且稳重。儿童在六七岁时所做的练习和他们在三十五六岁时的智慧之间会有明显的联系。因此生命中的不同时期是互相联系的。

在了解了这些关于人类的知识之后，你必须试着想清楚你究竟想为你的教学带去什么。

类似地，你可以进行关于特定颜色之间协调关系的教学。假设你在和儿童做一项练习，首先你涂了一些红色（见图14a内的深色部分）。现在你要让儿童感受到如果红色周围涂些绿色的话，会显得十分协调。当然，你必须使用颜料，这样更容易看出来。这时，你可以试着向儿童解释你要将整个过程反过来做。“我要把绿色涂在中间（见图14b），你会在绿色周围涂什么颜色呢？”然后，儿童就会把红色涂在

a　　b

图14

绿色周围。通过这样的练习，你会逐渐引导儿童感受到颜色之间的协调。儿童会看到首先我在中间涂了红色，然后在其周围涂了绿色，如果红色变绿色，那么绿色就必须变红。在这个年龄段，即7岁到8岁之间，让儿童去感受颜色和形状的一致性是非常重要的。

因此，我们的教学必须有一种特定的内在形态。如果这种教学方式想要获得发展，有一件事是必须的——说得不好听一点就是，我们要舍弃一般的课表。在华德福学校，我们采用的是“阶段性教学”，而不是固定的课表。我们会对同一个主题进行4～6周的教学，在这段时间，我们会持续教授这个主题的内容。我们没有8:00—9:00上算术课、9:00—10:00上阅读课、10:00—11:00上写作课这样的课表。我们会选取一个主题作为早晨的“主题课程”，这会持续大约4周的时间。当儿童有了关于这一主题的长足进步后，我们才会进行下一主题的教学。我们从不会交替多个主题的教学，例如8:00—9:00上算数课，9:00—10:00上阅读课。相反，我们会在几周的时间内只上算术，然后以相似的方式换另一个主题，看情况而定。不过，有一些主题要求每周都有规律的课表，稍后我会讲到。但是，在“主题课程”中，我们严格按照“阶段性教学”这一原则进行授课。在每个阶段，我们只教一个主题，但课堂上也会涉及与之相关联的其他主题。

这样，我们将儿童从会危害他们灵魂的教学方法中解救了出来，也就是说，刚刚在第一节课学到的内容不至于在接下来的第二节课就模糊不清。“阶段性教学”是能够将他们从这种危害中解救出来的唯一的方法。

很多人反对这种教学方法，他们认为这种方法会让儿童忘记之前学过的内容。这只适用于特定的学科，例如算术，但也能由经常的复习得到纠正。对于大部分课程来说，儿童会遗忘学习内容与他们在一段时间内集中对一个主题进行学习所获得的巨大收获相比，可以说不算什么问题。

第五讲

（1924年8月16日）

你要对你所教的每一个主题的实质都有所了解，这很重要。这样一来，你在教学中使用的例子才不会与现实生活脱节。只有与生活紧密联系的事物才容易被理解，甚至可以说，人们理解的所有事物都与生活有着紧密的联系。但是，对于抽象的事物来说，就不是这样了。

而今日，我们发现教师思维中的很大一部分都是由抽象的事物构成的，因此在很多方面，教师自己就是远离现实生活的。教育和教学中的很多困难也由此而生。试着想一想下面这种场景：回忆自己是如何开始数数的，在你开始数数时又发生了些什么。你可能会发现回忆的思路是断断续续的，你确实学会了数数，但其实你并不真切地记得究竟是怎么做到的。

如今，各种关于数字和算术的教学理论层出不穷，人们也已经习惯于遵循这些理论进行教学。尽管这种算术教学法或类似的方法能够获得外在的教学结果，但这种与现实生活毫无联系的理论无法触动儿童的身心。现在发明诸如算盘或串珠架这样的教学用具，已经证明它是活在抽象中的。在商业办公室里，人们可以尽情地使用计算器——这不是我们目前关心的问题——但是如果用在教学中，那么这一行为只涉及头脑的活动，会阻止你按照儿童的天性进行数字的教学。

计数应该源于生活本身。你不能期待儿童能够理解你教给他们的每一项内容，这一点尤其重要，你要从教学的开始就有所了解。儿童必须接受一定的权威，但这一定要以一种自然、实用的方式达成。

也许你会认为我现在要讲的内容对于儿童来说很难理解，但是没有关系。一个人的生命中，应该有这样的时刻：当他十三四岁时，他能够对自己说："现在我明白了，在我八九岁或更早的时候，我接受了权威的引导。"这十分重要，因为它会唤醒一个人心中的新生命。但是，如果你看看现如今教学中那些对象化的教学法，你也许会感到绝望，因为教学内容完全被碎片化了。有人说，这是为了让儿童更容易理解。

现在想象一下，一个年幼的儿童站在你面前，他连走路都还跌跌撞撞的。你对他说："你就站在我前面。你看，我有一块木头和一把刀，然后我用刀把木头切成小块。我能在你身上做同样的事吗？"这个儿童会意识到我不能这么做，那么我就可以说："你看，我能把这块木头切成两块，但木头和你不一样，而你也不像木头，因为我不能那样把你切成两块。你和木头是有区别的，区别就在于：你是一个单位，是一个'一'，而木头并不是'一'。你是一个单位，我不能把你切成两块，因此我说你是'一'，一个单位。"

接下来，你可以逐步向儿童展示代表"一"的这个符号。你画出一道：I。这样你就可以向儿童展示这是一个单位，你画了一道表示这个单位。

现在你可以将话题从之前木头和儿童的比较中转移。你可以对儿童说："看，这是你的右手，但你还有另外一只手，你的左手。假设你只有一只手，那么无论你走到哪里，这只手都能够跟着动。但是，如果你的手只是跟随身体做动作，那么你就永远无法像两只手可以互相紧握那样，用手摸到你自己了。当这只手动的时候，另一只手同时也会动，这样它们就可以握住对方了。这和你简单地走路是不一样的。当你走路时，你是一个单位。但是，这只手可以摸到另一只手。这样就不再是一个单位了，这是二元的，也就是一个'二'。你看，你是"一"，但你有两只手。"然后你可以向儿童展示"二"：II。

以这种方式，你可以用儿童自己的身体教会他们"一"和"二"。

接下来，你可以叫出另外一个儿童，说："当你们两个互相走近时，你们便可以见面并触摸到对方。你们有两个人，但第三个人也可以加入你们。这对于你们的两只手来说是无法完成的。"这样，你就可以继续教授"三"：III。

以这种方式，你可以由人类自己的身体本身引申出数字。因为人类并不是抽象的，而是鲜活的生命体。

然后你可以说："看，你还可以在身体的其他地方找到数字'二'。"儿童最终会想到他们的两条腿和两只脚。现在你就说："你见过你家邻居养的狗吗？狗是不是也用两只脚走路呢？"儿童会意识到四条线"IIII"就像邻居家的狗用四条腿站立的样子，因此他会逐步学会从生活中建立对数字的认识。

教师的双眼必须时刻保持警觉，并且以理解的态度去观察所有事情。现在你可以自然而然地用罗马数字的形式来书写数字了，因为儿童一下子就能理解它们。当你用这种方式讲到“四”之后，你可以很容易表示出“五”：V。你很快会发现，如果你把大拇指藏起来，那么其他四个手指就像狗的四条腿站在地上一样！就像这样：IIII。现在你将大拇指加进来就成了“五”：V。

我认识一位教师，他的教学已经进行到了这一步（解释罗马数字）。他不明白罗马人在表示“五”时为什么不直接画五道，而是要用“V”这个符号。I 到 IIII 他都理解得很好。这时我对他说：“现在我们这样做：我们把手指伸开，大拇指单独作为一组，剩下的四根手指作为一组。这样，我们就做出了‘V’字形。我们用整只手表达出了罗马数字“五”，事实上最初它就是这样造出来的。‘五’包含了一整只手。”

在这样简短的演讲中，我只能解释基本的原理，但是通过这种方式，我们能够从真实生活中演绎出数字。只有当一个数字是这样直接从生活中引出的时候，你才能介绍计数。但是，儿童应该在这个过程中扮演主动的角色。在对儿童说“现在按照顺序数数：一、二、三、四、五、六、七、八、九”这样的话之前，你应该先以韵律的方式开始。比如，我们要从一数到二，那就应该是：一、二，一、二，一、二……每次数到“二”的时候让儿童跺脚。之后再将“三”也加入节奏中：一、二、三，一、二、三……以这种方式，我们将韵律带入了数列中，也培养了儿童将数字作为一个整体理解的能力。这种教儿童数字的方法是自然的，它源于数字是什么样的东西。人们一般会认为数字都是逐个相加而成，这并不真实，因为头脑并没有参与计数。在日常生活中，人们根本不知道头脑是一个多么独特的器官，也不知道它对于我们在尘世间的生活是多么无用。它的存在是为了好看，这是真的，因为我们通过脸取悦彼此。头部还有很多其他用途，但只要涉及精神活动，它的作用就不那么明显了。因为，头脑的精神品质总是会将人们带回他前世的尘世生活。头部只是前尘往事的一个变形，只有当我们了解了自己的前世经历后，我们有头这一事实才会真正有意义。许多活动都来自身体其他的器官，而不是来自头部。事实上，我们会下意识地用手指数数。现实生活中我们用十根手指从1数到10，之后会加上脚趾继续数。你不会意识到自己在这样做，但是你可以数到20。你只是将这种用手指和脚趾数数的方式反射到头脑中。头部只是看着这一切发生。头脑真的只是一个反映身体行为的器官。身体进行思考，身体自己数数，头部只是一个旁观者。

讲到这里，我们可以找到一个非常棒的类比例子。假设你有一辆车，你正舒舒服服地坐在车里，你自己并没有做任何事，是司机在发挥他的作用。你坐在车里被带着到各处游玩。对于头脑来说也是同样的道理，它并不会辛辛苦苦地工作，只是简单地坐在你身体的顶端，就像一个旁观者一样，被身体的其他部位带去各处。所有灵性的生命活动都是由身体完成的。数学是由身体完成的，思考是由身体完成的，感觉也是由身体完成的。人们错误地认为计算是由头脑完成的，于是创造了串珠架。因此，串珠架就被用于算数的教学当中，也就是说，儿童的头脑被迫工作，然后头脑再将工作传递给身体。计算是由身体完成的这一事实并没有得到重视，但它确实很重要。所以，让儿童用他们的手指和脚趾数数是正确的，因为这种方式能唤醒儿童体内各种技巧天分。事实上，这是在生活中让人类熟练掌握各方面技能的最好的方法。运动无法做到这一点，因为运动并不能让人们更加有技巧。一个人用大脚趾和第二个脚趾夹住铅笔并学习如何用脚画画写字才能让人们更加有技巧。这非常重要，因为事实上人的整个身体都充满灵性。人的头部是坐在后座休息的旅行者，它什么也不做，而人的身体的每一部分才是完成所有事情的司机。

因此，你要从尽可能多的角度试着加强儿童要学习的计数。当你以这种方式进行了一段时间之后，你应该更进一步而不是继续用一个东西加另一个东西这种方法教计数——这是计数中最不重要的一个方面。现在你应该这样教儿童："这是一个'一'。现在你像这样把它分开，你就有了'二'。'二'并不是两个'一'放在一起得来的，它是从'一'中得来的。"对于"三"和"四"也这样教学。这样，你就可以让儿童感受到"一"其实是综合的，它包含了"二"、"三"和"四"。如果你学着像图15所示的方法计数，那么儿童就会有鲜活的数字概念，从而体会到数字的本质。

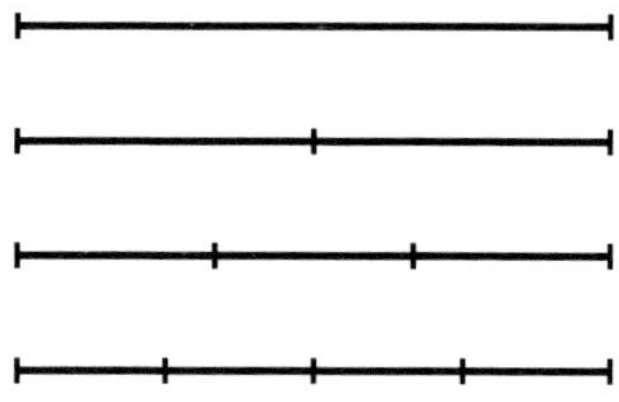

图15

在过去，现代这种把一颗豆子放在另一颗豆子旁边或是把串珠架上的一颗珠子放在另一颗珠子旁边的方法并不为人知。在那个年代，一个"单位"是最大的，每个“二”都是这个单位的一半，等等。这样一来，你可以通过观察外界事物来理解计数的本质。你应该利用这些能够被看到的外界事物来发展儿童的思维，并让他们尽可能远离抽象的概念。

这样儿童就能循序渐进地学习数字了，首先是20，之后直到100等。如果你按照上述方式进行教学，那么你就是以一种生动的方式教他们计数。我要强调的是，这种计数的教学方法，这种真实的计数方法，应该在儿童学习加法之前就教给他们。他们应该在学算术之前就熟悉这种计数方法。

算数的教学也必须基于生活。有生命的事物必是一个整体，因此一定要以整体的形式呈现出来。对于儿童来说，让他们把各个部分拼凑成一个整体是错误的教法。教师应该教他们先看到一个整体，然后再将这个整体分成各个部分。教师要让儿童先看到整体，然后将它拆分，这才是带他们走向生动概念的正确途径。

这个物质时代对于人类一般文化所产生的影响都被人们忽视了。比如，人们并不会对让儿童玩一盒一盒的积木并用它们建出一个建筑物这种行为感到震惊，反而会觉得这是一件理所应当的事情。儿童的天性中没有任何想要把各个部分拼成一个整体的冲动。我们必须承认，儿童有很多其他的需求和冲动会给我们带来麻烦。例如你给一个孩子一块手表，他立刻会产生把它拆成小块的冲动。将一个整体拆成小块其实更符合人类的天性，人类天生就想看看一个整体是如何由各个部分组成的。

我们在算数教学中一定要重视这一点。它对于整个文化都有影响，你可以从下面这个例子看出来。

在人类思维的概念中，直到13世纪、14世纪的时候还没有人强调要用部分组成一个整体。这种想法是后来才产生的。伟大的建筑师更多是从整体的角度出发（之后他们才把整体分割成各个部分），而不是将单独的部分组成一个建筑物。由部分到整体的过程是后来才被引入我们的文明的，它使后人认为每一样事物都是由极小的部分组合而成的。这种想法孕育了物理学中的原子论，其实这一学说只是来源于错误的教育。因为原子其实就是夸张化的小魔鬼，如果人们不是通过教育接受了所有事物都是由部分组成的这种想法，那我们的学者就不会总是谈论原子理论。因此，原子论就这么产生了。

我们现在批判原子论，但这种批判只是多此一举，因为人们无法摆脱他们已经持续了四五百年的思维模式。人们已经习惯于从部分到整体这样思考，而不是让他们的思维由整体过渡到部分。

在算数的教学过程中，你一定要特别注意这件事。如果你走向远处的一片树林，你先看到的是树林这一整体，只有当你走近时，你才会发现树林是由一棵一棵单独的树组成的。你必须以这种方法进行算数的教学。你从来不会说你的钱包里有1、2、3、4、5枚硬币，而是会说你有一堆硬币。你一共有5枚硬币，这是一个整体，这就是你所拥有的。当你在煮绿豆汤时，你不会说你用了1、2、3、4、5甚至30或40颗绿豆，你会说你有一堆绿豆。再如你有一筐苹果，你不会说你有1、2、3、4、5、6、7个苹果，而是会说你的筐里有一堆苹果。你得有一个整体。你一开始有多少个苹果有什么关系呢？你只不过就是有一堆苹果要带回家罢了（见图16）。假如你有三个孩子，你不会平均地将苹果分给每一个孩子，因为也许有的孩子年龄小，有的孩子年龄大。你从篮子里取出多的给大一点的孩子，取出少的给小一点的孩子。你把一堆苹果分成了三份。

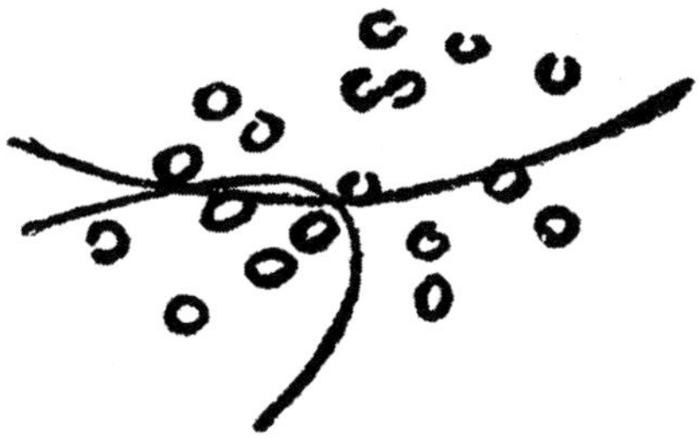
图16

在任何情况下，分配或分享都是一件不容易的事情。曾经有一位母亲，她有一大块面包。她对她的小儿子亨利说："你来分面包吧，但是一定要用基督徒的方式分配。"这时亨利就说："用基督徒的方式分配是什么意思？"母亲说："你必须将面包切成两块，一块大一些，另一块小一些。然后你必须把大的那块给你的姐姐安娜，把小的那块留给你自己。"于是亨利说道："那这样的话，让安娜用基督徒的方式来分面包好了！"

这时，你就需要其他观念的帮助。我们这样做，假设我们把这一部分给一个孩子（见图16中的线），把这一部分给第二个孩子，然后把这一部分给第三个孩子。他们已经学会如何数数了，所以为了对整体有清楚的了解，我们会先数出整堆的个数，一共有18个苹果。现在我要数出他们每个人有多少个苹果。第一个孩子分到了几个苹果？ 5个。第二个孩子分到了几个苹果？ 4个。第三个孩子呢？ 9个。因此，我从整体出发，从整堆的苹果出发，再将它们分成了三部分。

算数的教学经常会以这种方式进行，教师会对儿童说："你有5

个苹果，再加5个，然后再加8个。把它们加在一起，你就有了18个苹果。”在这种方式中，你先教儿童单独的事物，然后才是整体，这会让他们学到死板的概念。儿童不会通过这种方式得到生动的概念。从整体入手，从18个苹果开始，将它分成一个个被加数，这才是你教加法应该运用的方法。

因此，你在教学中一定不能从单一的被加数开始，而要从总和开始，因为它是一个整体，之后再将总和分解成一个个被加数。紧接着，你可以继续向儿童展示这个总和还可以以其他的方式分解，它可以由其他不同的被加数相加得来，但这个总和是保持不变的。这样教加法，不像通常的教学那样先教被加数再教总和，而是先教总和再教被加数，你便能够给儿童带来生动灵活的概念。你也会发现对于纯粹一个数字来说，总和总是不变的，而各个被加数则可以改变。通过这种教学方法，数字的这种特性可以清楚地被阐释。

通过这种方式，你可以继续向儿童展示本身不是纯粹的数字但包含了数字的事物，比如，以人类自身为例，然后告诉他们并不能将其以任何方式分割开。例如人类的躯干和其他器官——一个头、两条胳膊和两只手、两只脚——连在一起。你不能随便就把整个人分割开，你不能说“我现在要把一只脚像这样切掉，再把一只手也切掉”等，因为大自然已经将人体以一种确定的方式组合了起来。如果不是这种情形，而只是简单的数数问题时，那我就可以用不同的方式来分配事物了。

以上这些方法能够将生活和一种生动的灵活性带入你的教学中。

所有的迂腐气都会消失不见，你会发现你的教学中融入了儿童非常需要的一样东西：幽默感。这里所说的幽默感并不是那种幼稚的幽默感，而是健康意义上的幽默感。幽默感必须在教学中找到它的位置。（此时，斯坦纳博士转向了翻译者，说道："请你确定将'幽默'一词准确翻译，因为每当它与教学相联系时，人们总是对它产生误解。"）

你的教学一定要从整体开始。假如你有一个像下面这样来自真实生活的例子：妈妈让玛丽去买一些苹果，玛丽去买了25个苹果。水果摊主把苹果的数量写在了一张纸上。玛丽回到家时只拿了10个苹果。真实生活中的情形摆在我们眼前：玛丽买了25个苹果，但她带回家的只有10个。玛丽是个诚实的小女孩，她在回家的路上没有吃一个苹果，但她只带了10个苹果回家。这时有个人跑过来——一个诚实的人，他把玛丽掉在路上的苹果都送了回来。现在问题来了：那个诚实的人送回了多少个苹果呢？我们看到他从很远的地方来，但我们想知道他带了多少个苹果。玛丽带了10个苹果回家，她从水果摊一共买到了25个，因为水果摊老板娘把数量写在了纸上。现在我们想知道那个诚实的人应该带多少个苹果来，因为我们还不知道他是否真的诚实。玛丽从水果摊买了25个苹果，她带了10个苹果回家，所以她在路上掉了15个苹果。

现在你看到了，计数就是这样。一般的教学方式是，你给出一些东西，然后你要从中拿走一部分，再计算剩余的部分。但在现实生活中——你自己心里很清楚——通常是：你知道原本有多少，也知道还剩多少，你想要知道究竟少了多少个。给出被减数和减数，再算出余数是一种死板的过程。但是，如果你从减数和余数入手，再算出被减数，你就是在以生动的方式进行减法的教学了。这就是将生活融入教学之中的方法。

如果你仔细想想玛丽和她妈妈的故事，就能发现那个诚实的人带回的苹果数量正是“被减数”。玛丽丢失的苹果数量正是被减数，这个数字只有在知道了那个诚实的人送回多少个苹果后才能确认。生活，真实的生活，就这样融入了你的减法教学。如果你的教法总是计算剩下多少，这样只会给儿童的灵魂带来死板的内容。在你教学的每一个细节中，你必须一直思考如何才能将生动而不是死板的内容带给儿童。

你可以以这种方式继续进行教学。在进行乘法的教学时，你可以说：“你们看，我们一共有这么多东西。那么我们怎么才能算出这个整体中有几份呢？”这种想法就包含了生活。设想一下你这样说有多死板：“我们要把所有人分成组，这里三个人一组，那里也三个人一组，等等。”然后你问儿童：“一共有几个三呢？”这样的教学是死板的，其中没有生活的元素。

如果你使用另一种方法问儿童，在这个整体中一组一共出现了几次，这样你就将生活融入了教学。比如，你可以对儿童说：“你看，坐在教室中的你们总数是一定的。”然后，让儿童算出45中包含了多少个5。在这里，你再次考虑了整体，而不是部分。5人一组的小组还能再有几个？这时儿童会发现还有8个5。因此，当你用这种方式进行教学——由整体着手，并找出一个因数在整体中出现了几次时，你就将生活融入了算术的教学中。最重要的是，你用了儿童可以看得到的事物进行教学，重点是思考永远都不应该与视觉体验分离、与儿童看到的事物分离，否则理智和抽象会在早期就进入儿童的生活，从而毁坏他们的身心。儿童将会变得干涸，不仅他们的灵魂会受到影响，而且他们的身体也会受到影响（之后我会阐述如何对灵性、灵魂和身体这一整体进行教育）。

我要再次提到，一个人在年老的时候是否仍旧灵活并富有技巧，在很大程度上依赖之前提到的算数教学法。你应该教儿童用他们自己的身体数数，就像我之前描述的那样，先用手指数数，再用脚趾——是的，让儿童适应手脚并用地数到20是一件很好的事情，这比让他们用串珠架数数要好得多。如果你这样教他们，那么你就会发现通过这种有点孩子气的"冥想（meditation）"，你将生活融入了他们的身体。因为当你用手指和脚趾数数的时候，你必须想着你的手指和脚趾，这就是一种冥想，一种对个人身体进行的健康的冥想。这样做会让一个人在老年时仍然保持四肢的灵活性，四肢还能够健全地活动，因为他们已经学会了如何用整个身体进行算数。如果一个人只用头脑思考，而不用四肢和其他身体器官，那么之后当他老去时，四肢就不再灵活，痛风便会随之发生。

我希望能够为你们举例说明这一原则，即所有教学和教育过程都要源于能够被看到的事物（但不是源于如今所谓的"实物教学"），这个例子在教学中扮演着很重要的角色。我所指的是毕达哥拉斯定理。我想作为未来教师的你们一定都对这一定理很熟悉了，也许你们已经以一种类似的方式理解了这一定理，但是，我今天还会再讲一遍。毕达哥拉斯定理可以被当作几何教学的一个目标。你可以逐步推进你的几何学课程，使其达到一个顶点，即毕达哥拉斯定理——这一定理阐述了直角三角形斜边的平方等于两条直角边的平方之和。如果你能够以正确的方式看待它，那么你便会觉得这是一个非常了不起的定理。

曾经有一次，我要教一位年老的女士学几何，因为她十分喜爱这门学科。也许那时她把曾经学过的几何学忘得一干二净了，我也不确定，但可能她在学校中也没学到太多内容，因为她上的是那种“女子学校”。不管怎样，她对几何学可以说一窍不通，于是我开始教她，并逐渐引申至毕达哥拉斯定理。这个定理让她感到十分惊异。我们对这个定理已经非常熟悉，因此不会被它强有力地震撼到。但是，我们理解的只是一个直角三角形（见图17）的斜边上的正方形的面积等于其他两个由直角边所成的正方形的面积之和。所以，如果我在这三块地种土豆且每株土豆之间都是相等的距离，那么在这两块小点的田地里所种的土豆数量之和等于在那块大点的田地里所种的土豆数量。这是一件非常不可思议、令人惊奇的事情，当你像这样去理解它时，你并不能真正看出它是如何产生的。

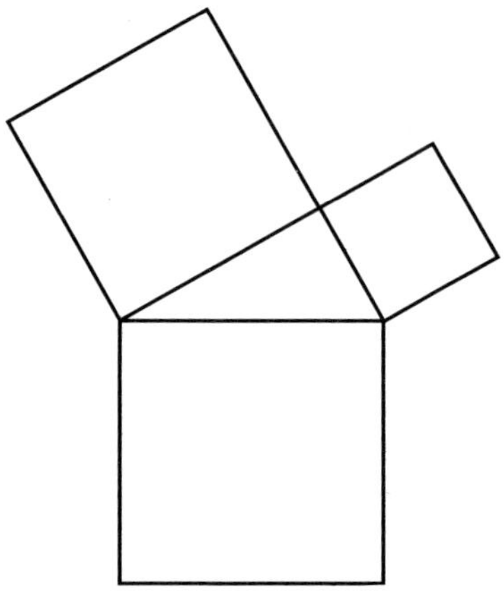

图17

这就是毕达哥拉斯定理的神奇之处，你没办法看出它是如何产生的，但是你必须利用它将生命引入教学的灵魂深处。你必须将教学建立在某些不能被轻易识别的事情之上；你必须从始至终对这一点进行确认。有人也许会说，对于毕达哥拉斯定理，你可以相信它，但你总是会再次失去对它的信仰。你必须一再地重新相信这个大正方形的面积等于其他两个小正方形的面积之和。

当然，毕达哥拉斯定理的证明方法多种多样，但其证明方法应该以清晰、可视的方法呈现出来。（斯坦纳博士用区域重叠法证明了毕达哥拉斯定理。就像在这次讲座中运用的一样，他采取了谈话的方式，将证明方法用彩色粉笔写在黑板上。如果你对这一证明方法的详细说明及图示感兴趣，你可以在92—94页的附录中找到。）

如果你使用这一证明方法，即将一个区域重叠于另一个区域之上，那么你就会有所发现。如果你用剪切的方法取代画图的方法，那么你会发现这种证明方法很好理解。无论如何，如果你之后忘记了的话，你需要再次温习这种方法。你必须每次重新进行证明。你不能简单地将它记在心中，因此你必须不断地温习。这是一件很好的事情，真的是非常好的事情，它遵循了毕达哥拉斯定理的本性。你必须每次都重新得到结论。你应该忘记自己已经懂得了这个定理。这便是毕达哥拉斯定理本身非凡的特质。因此，你便能够将生活融入其中。很快你就会发现，如果你让你的学生们一遍又一遍地进行证明，他们会逐步理解这一定理。他们不会一次就弄明白，他们每次都得想一想，但这是与毕达哥拉斯定理的内在本性相符合的。给予学生们一种平淡、乏味的证明并不是一件好事。每次都忘记证明方法，之后再次重新证明要好得多，这来自毕达哥拉斯定理的奇特之处，即直角三角形斜边的平方等于两直角边的平方之和。

对于十一二岁的儿童，你可以很好地将几何学进行到这一层次。通过图形面积的比较使他们理解毕达哥拉斯定理。一旦儿童理解之后，他们就会非常享受这一过程。他们会对其充满热情，而且总想要再证明一次，特别是当你让他们将图形剪切出来的时候。也许会有那么几个理智的儿童会清楚地记得这种证明法，并且总能再证明出来。但更合理的情况是，大多数的儿童会一次又一次地剪错，并且要苦苦思索之后才能弄清楚究竟是怎么回事。这就是毕达哥拉斯定理令人惊叹的地方，你不应该放弃这一神奇的领域，而要将自己留在其中。

附录：毕达哥拉斯定理证明

（由于无法用彩色对图形进行重现，我们会用字母或数字代替斯坦纳博士所指的不同颜色。）对于一个等腰三角形，这个证明会很简单。如果你有一个等腰直角三角形（见图18），那么这是一条直角边，这是另一条直角边，这是斜边。这个正方形（1，2，3，4）就是其他两条边的平方之和。

现在，如果我平均地在（2，5）和（4，6）这两块地里种上土豆，我收获的土豆应该和我在（1，2，3，4）这块地中收获的土豆一样多。

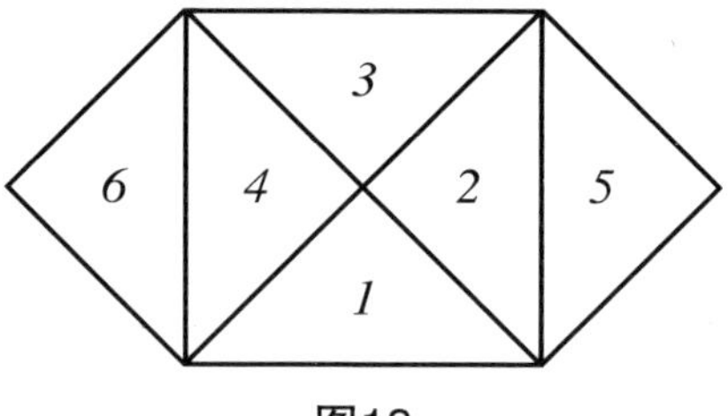

图18

（1，2，3，4）是斜边的平方，（2，5）和（4，6）这两块地是两条直角边的平方之和。

你可以明显地对其进行证明：两个小正方形中的（2）和（4）两块落在这一部分（即斜边所成的正方形）里了，它们已经在正方形中了。（5）这一块正好能够放进（3），如果你把所有的部分剪开，你就能把（6）这个三角形放进（1）这里。你可以立即发现它们一样大。所以，对于等腰直角三角形来说，这个证明很明显就可以成立。

但是，如果你有一个不等腰的三角形，即两条直角边不相等（见图19），你可以像以下这样进行证明：

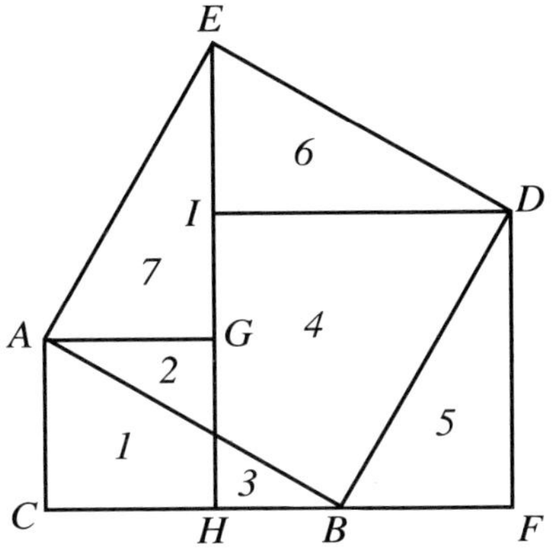

图19

再画一个三角形 ABC，然后在斜边上画出一个正方形 ABDE。进行如下步骤：在这里画出一个和 ABC 一样的三角形 DBF。然后这个三角形 ABC 或 DBF（两个三角形是一样的）也可以放在这里，即三角形 AGE。你现在已经重复画出这个三角形了，你可以根据这条直角边画出正方形 AGHC。

如你所见，我现在也可以画出这个与三角形 ABC 全等的三角形 DEI。那么正方形 HIDF 就是另一条直角边所成的正方形。现在，这里是两条直角边所成的正方形，而这里是斜边所成的正方形。首先，我用到 AG 这条边，之后我用到 DI 这条边。AEG 和 DEI 两个三角形是全等的。那斜边所成的正方形呢？是正方形 ABDE。现在我要从图形本身说明（1，2）和（3，4，5）一起能够组成（2，4，6，7）。首先，我们来看正方形（1，2），它包含了三角形（2），同时这个三角形也包含在正方形 ABDE 中。而（4）这一部分既包含在直角边所成的正方形 HIDF 中，也包含在正方形 ABDE 中。因此，我就得到了（2，4）这个图形，从图中你们可以看出，它是包含在正方形 ABDE 中的。现在只剩下（1，3，5）要被放进斜边所成的正方形 ABDE 中了，这些部分是包含在正方形 AGHC 和 HIDF 中的。然后，你可以将（5）放在（6）上，但是你仍然会剩下（1，3）这一个角。如果你剪下这部分，你会发现这两块（1，3）能够放进（7）中。当然了，这个过程还能以更为清晰的方式画出，但我想你们已经理解了证明的过程。

第六讲

（1924年8月18日）

我们现在继续讨论一些特定的方法。在此，我想说的是，我在这几天的讲座中只能涉及一般性的原则。你也可以学习《华德福学校的研讨课程》，通过已经学到的知识，你应该能够彻底理解这一课程。对处于换牙期和青春期之间的儿童，我们必须有一个清晰的认识。我们必须知道，在换牙期之前，儿童从父母那里继承而来的性格特征仍然是决定性因素。儿童从他们的父母那里得到一具“模型”躯体，在换牙期到来时，这副躯体会被完全舍弃，因为在儿童最初的七年中，这具躯体渐渐地被一具新的躯体取代。换牙是新躯体取代旧躯体这一过程的唯一的外在表现，在此之后，灵魂和精神就开始活动起来了。

我已经讲过，如果儿童的精神—灵魂足够强壮，那么在换牙期和青春期这段时间，儿童会根据他们以前拥有的不同特质发生重大的变化。如果儿童的个性很弱，那么他的躯体和他继承而来的性格就会非常相像。对于学龄儿童来说，我们仍要考虑到深植于他们体内的、与父母或祖父母的相似性。

我们必须清楚地知道，以太体的独立活动是在换牙期才真正开始的。在最初的七年中，以太体将它能够做到的所有独立活动都用于建立第二副躯体。因此，在生命的头七年，以太体就是儿童身体内的一位艺术家，它是一位塑造者、一位雕刻家。这种由以太体应用于自然躯体上的塑造力量，在儿童7岁开始换牙的时候便能自行解放，得到自由。之后，它会成为灵魂活动的一种方式。

这就是为什么儿童有塑造形状或者画画的冲动。因为在最初的七年中，以太体一直在自然躯体内进行着塑造和画画的活动。现在，它对于这具自然躯体已经没什么可做的了，或者至少不像以前有那么多事要做了，因此它想要在身体外部进行活动。如果作为教师的你对于人体器官的形状有渊博的知识，并且了解儿童喜欢用可塑性的材料塑造出怎样的形状或是涂出什么颜色，那么你就能给予他们正确的指导。但对于人体构造你一定要有一种艺术性的概念。因此，对于教师来说，试着塑造些形状出来是很重要的，因为现今的教师培训并不包括这样的内容。不管你对肺或肝脏甚至复杂的血管系统有多么了解，当你想用蜡或黏土复制出它们时，你就会发现你对它们的了解还远远不够。因为那时你会突然产生一种对于器官的全新认识。让我们用肺来举个例子，你会发现，你必须将左肺叶和右肺叶塑造成不同的样子，因为两个肺叶并不是对称的，其中一半很清楚地分为两部分，另一半则分为三部分。在你学会这种方法前，你会不断忘记哪一半是左肺叶，哪一半是右肺叶。但是，当你用蜡或黏土塑造出这一奇怪的不对称形状之后，你就会产生一种感受，那就是你再也不会把左肺叶和右肺叶搞混了，就像你不会把心脏放在人身体的右边一样。你还会认识到，基于肺部自身的特殊形态，它在人体内所处的位置是恰如其分的。如果你塑造出一个形状正确的肺，你会感受到对于人类而言，在站立或走路时肺处于垂直状态是不可避免的。如果你塑造出动物的肺部形态，你会发现或经由触摸感受到动物的肺是呈水平状态的。对于其他的器官来说，也是如此。

因此，你真的应该试着通过塑造各种器官来学习解剖学，这样你就能让儿童塑造出或者画出某些东西——这些东西绝不是对于人体的一种模仿，而只是表达了特定的形态。因为你会发现，儿童有一种希望塑造与人类有机体内部形态相关的形状的冲动。在这一方面，你可能会在教学过程中得到一些非凡的体验。

在华德福学校中，特别是在四至七年级，我们引入了简单的生理学课程，因为这是华德福教学方法中不可或缺的一部分。我们学校的儿童从一开始就会学习画画，到了一定的年龄后还会学习雕刻。如果你简单地让儿童自由地创作，你会发现一件很有趣的事，那就是当你向他们解释了人体的构造之后（以肺为例），他们自己会开始塑造出肺的形状或与肺部类似的形状。看儿童根据自己的身体塑造出各种形状，真的是一件很有趣的事。这就是为什么你要使用这种塑形的教学方法。你要找到方法和工具来复制人类器官的形态，比如，你可以用蜡或黏土，如果你愿意，你甚至可以像儿童那样用泥巴去塑造器官，因为如果没有别的材料，泥巴也是一种很好的可塑材料。

塑造出形状和画画是一种源于内心的渴望，是一种源于以太体内部的渴望。因此你很容易利用这种冲动和渴望，从儿童的画作和模型中引申出字母，然后你就会真正地由人类的知识衍生出你的教学方法。在这一阶段，你必须这么做。

现在我们继续往下讲。人类不仅仅是由自然躯体和在7岁时获得的以太体构成的，同时，还包含星芒体和自我意识体。在儿童7岁至14岁之间，他们的星芒体是怎样的呢？星芒体在青春期之前还没有完全真正苏醒。只有到了青春期，它才在人类身体内完全运作起来。如果说从出生后到换牙期之间，以太体以一种特定的方式从自然躯体中被释放出来并独立，那么在7至14岁之间，星芒体逐渐被向内吸引。当星芒体被吸引到内部后，它与自然躯体和以太体之间的联系就再也不是松垮的了，而是完全渗入二者之内，这时人类便来到了青春期，也就是性成熟时期。

对于男孩子来说，你会发现他们的声音发生了变化，这时星芒体存在于他们的喉部。而对于女孩子来说，你可以通过其他器官的发育，例如乳房等，看出星芒体已经被完全吸引到了内部。星芒体是从各个方面慢慢地进入人体的。

星芒体由外向内沿着神经纤维进入人体。它由外部的环境开始逐渐填满整个身体，由皮肤，然后逐步进入人体内整合。在这之前，它只是像松散的云状体，儿童就生活在其中。然后它会逐渐聚拢，将所有的器官紧密地结合在一起。直白一点说，它以化学的方式将自己与有机体结合起来，与肉体和以太体的所有组织结合了起来。

但是，一些很奇特的事在这时发生了。当星芒体从体外进入体内时，它沿着神经前进，最后在脊椎内再次合一（见图20）。图中的上面部分是头部。星芒体也缓慢地沿着头部神经前进，并沿着神经向中央器官前进，向脊椎蔓延，一点一点地进入头部，并逐步填满整个头部。

图20

在这一过程中，我们首先要考虑的是，呼吸是如何在整个神经系统中起作用的。确实，人类身体内的这种呼吸与整个神经系统之间的共同作用是非常特殊的。作为教师和教育工作者，你应该对这种情形有最敏锐的感受，只有这样，你才能正确地对相关的内容进行教学。空气进入身体会分散开，沿着脊柱向上行进，在大脑中分散开，触碰到每一根神经纤维，然后再向下行进，最后以二氧化碳的形式排出身体。这样，我们发现神经系统会不断受到吸入的空气的影响，吸入的空气会自行分散开，沿着脊柱向上行进，再次散开，在充满了碳之后，再次返回并被呼出体外。

只有在学校的第一阶段，即在儿童换牙期至青春期之间，星芒体才会出现与整个呼吸系统共同运作的过程，它会沿着神经纤维进入自然躯体。所以在这段时期，星芒体在吸入的空气的帮助下找到进入自然躯体的方向，它其实像是在弹奏一种有许多弦的乐器一样，它的弦便是人体中心的脊柱。我们的神经事实上就是一种乐器，像竖琴一样，是一种内在的、在头部产生回响的乐器。

这一过程当然在儿童换牙期之前就开始了，但在那时星芒体与自然躯体之间的联系还是松散的。在换牙期与青春期之间，星芒体才真正开始用吸入的空气在每一根神经纤维上演奏，就像小提琴琴弓在琴弦上演奏一样。

如果你让儿童多多唱歌，你就是在培养以上过程。你必须有这样的感受，即在歌唱时儿童本身就是一种乐器。在儿童面前教授歌唱或音乐内容时，你必须带着这种清晰的感受——每个儿童都是一件乐器，他们会从音乐声中感受到一种内心的幸福。

你可以看到，声音是由特定的呼吸循环方式产生的。这就是内在的音乐。一开始，在儿童7岁之前，他们通过模仿学习一切。但现在，儿童应该学习通过唱歌来表达创造旋律和节奏时内心产生的愉悦。为了向你们展示在歌唱课上站在班级面前时应该有怎样的景象，我想进行一个比较直白的对比，这个对比会向你们清晰地展示我想表达的意思。我不知道有多少人曾经有过这样的经历，但我希望大多数人都看见过一群奶牛吃饱后躺在草地上消化食物的情形。一群奶牛的消化过程确实是一件很了不起的事情。牛身上能够体现出关于整个世界的图像。当奶牛消化它的食物时，被消化的食物进入血管和淋巴管，在整个消化和吸收营养的过程中，奶牛有一种幸福的感受，这种感受同时也是一种知识。在消化的过程中，每只奶牛都有一种奇妙的气场，其中映射了整个世界。这是一个人能够看到的最美好的事——一群奶牛躺在草地上一边消化着它们的食物，一边理解着整个世界。对于我们人类来说，所有的这些都沉入了潜意识，因此头部才能反映出身体的行为和眼睛所见，并以知识的方式表现出来。

我们人类在这一方面真的很糟糕，因为头部不允许我们去经历那些像奶牛经历的美好的事情。如果我们能够感受整个消化过程，那么我们对世界的了解会多很多。当然，我们应该带着对知识的感受去经历这一过程，而不是带着人类消化食物时潜意识中的感受。这只是为了说明我想表达的意思。我并不是说我们要将消化过程引入教学过程，但我想表达的是，儿童的内心世界应该有一种更高层次的感受，即唱歌时声音向内流动带来的幸福感。想象一下，如果小提琴能够感受到它内部所发生的一切，那会是什么样子！我们只是听小提琴的声音，视它为我们的体外之物。我们忽略了整个声音的起源，只接收到了外在的感觉画面。但是，如果小提琴能够感受每一根琴弦是如何与另一根琴弦共振的，那将会有一种大乐的经历，当然，演奏出的音乐一定得好听才行。所以，你必须让儿童体会这种迷人的状态，这样你才能唤起他们体内对音乐的感受，而且你自己也必须从中得到乐趣才行。当然，你必须懂得一些关于音乐的内容。但是，教学中最根本的是我刚刚讲过的这种艺术性元素。

因此，音乐的教学是必要的。因为在换牙期和青春期之间，儿童的内心有此需求，教师有必要从一开始就给儿童上音乐课。在最初，教师不要运用任何理论，而要以经验为主：只是让儿童简简单单唱些短小的歌曲，但他们一定要好好唱！然后，你可以通过一些更为简单的歌曲，让儿童逐步学习旋律、韵律和拍子等。但是，首先你必须让儿童习惯于完整地唱些小曲子，并尽可能地让他们自己演奏。华德福学校的每一个儿童在一进入学校时就会学习某种乐器，除非他们对音乐一点都不感兴趣。就像我说过的，如果情况允许，每个儿童都应该学习弹奏一种乐器。儿童应该尽可能早地感受到他们内在的音乐生命流入客观的乐器中究竟意味着什么。作为一种记忆性的乐器，钢琴对儿童来说是最坏的选择。如果可能的话，应该为儿童选择一种能够吹奏的乐器。当然，你必须有不错的艺术鉴赏力，以及很大程度的权威性。如果可以的话，你应该为儿童选择一种管乐器，因为儿童会从中学习大部分关于音乐的知识，从而逐步了解音乐。必须承认的是，儿童一开始吹奏乐器时可能会发出一种令人毛骨悚然的声音。但从另一方面来说，这在儿童的生活中是一件美妙的事情——本来封闭在人体并沿着神经纤维分布的空气，现在伸展开来且有了方向。人类感到整个有机体都被扩大了。本来只发生于有机体内部的过程现在延伸到了外部的世界。儿童在学习小提琴时，也会产生类似的情形。在演奏时，小提琴内部的音乐直接延伸到了外部，儿童会通过琴弓感受到音乐是如何传递到琴弦上的。

但是要记住，你应该尽早开始这些音乐课和歌唱课的教学。你不仅要让你的教学充满艺术性，而且还要在儿童刚进入学校时就开始教这些特定的艺术课程，例如绘画、泥塑和音乐，这是非常重要的。你还要留意让儿童真正掌握这些内容，并将这些内容变成其内在的宝藏。

在儿童9岁到10岁这段时间，你必须特别留意语言的教学。我已经向你们描述过9岁到10岁是一个转折点，因为他们在这时第一次学会将自己与外界环境区分开来。在这以前，儿童与外界环境是一体的。我已经说明了教育刚入学儿童的正确方法，但他们在换牙期到来之前真的不应该上学。从根本上来说，在换牙期之前给予他们任何形式的学校教学都是错误的。如果是由于法律的规定，那么我们必须这么做，但从艺术性的教育观点来看，这并不正确。在真正的教育艺术中，儿童在换牙期之前都不应该入学。就像我所展示给你们的，我们的第一个任务是由一些充满艺术性的东西入手，通过艺术的方法教他们字母的形状。就像我所解释过的，你应该从一些独立的艺术形式开始，并以讲童话、传说和神话的方式来讲述与自然相关的所有事物。总之，对于语言的教学来说，儿童9岁到10岁这段时期尤为重要。

在这一阶段之前，语言教学的本质一定不能是智识性的，也就是说，教学中一定不能包含任何语法或句法。在9岁或10岁之前，儿童一定要像获得一个新习惯一样去学习一门外语。只有当他们学习了如何区分自己和外界环境之后，他们才能够开始审视自己所说的话中包含什么内容。只有在这一阶段之后，你才能开始跟他们讲名词、形容词、动词，等等。在这之前，儿童只需要单纯地讲话，而且要保持这种状态。

在华德福学校，我们有很好的机会践行这种想法。因为，从最初的学校生活开始，儿童除了学习自己的母语以外，还要学习两门外语。

儿童来到学校，就像我所描述的那样，以阶段性的主题课程开始一天的学习。儿童在早晨会进行主题课程的学习，之后小孩子们会直接上外语课。对于德国儿童来说就是学习英语或法语。在这些语言课上，我们试图不去考虑一种语言和另一种语言之间的关系。在9岁到

10岁之前，我们都不去理会例如下面这样的事实："桌子"在德语中叫"tisch"，在英语中叫"table"；"吃"在德语中叫"essen"，在英语中叫"eat"。我们不会将同一单词在两种语言中的翻译联系起来，而会直接将语言与物品联系起来。儿童会学习如何称呼天花板、台灯、椅子，不管是用法语，还是用英语。因此，在儿童7岁到9岁之间，我们不应该强调翻译的重要性，也就是说，我们不应该用一种语言去解释另一种语言中的某一个词。儿童只是学习如何使用一种语言，并将这种语言中的词直接与外部的事物联系起来。因此，儿童不需要知道或者他们根本不需要去想他们用英语所说的"table"在德语中叫作"tisch"，等等。他们根本不需要去考虑这些问题。这种情况不会发生在儿童身上，因为没有人教他们要以任何方式比较两种语言。

通过这种方式，儿童经由产生语言的元素学习每一种语言，也就是说，从感受的元素出发学习语言。当然，一种语言包含各种各样的声音。这些声音中有一些是表达内部灵魂的元音，有一些是表达外部事物的辅音。但是，你必须要先感受到这种差别，而不是将我在这里说的话原封不动地教给儿童。在你的课堂上，儿童应该真正去感受元音是与感受相联系的，而辅音是对外界某种事物的复制。这会自然而然地发生，因为它是人类本性的一部分，我们一定不能赶走这种冲动，而要顺着这种本性引导他们。

让我们来想一想，A（Ah）[1]这个元音是什么？（这并不是课程中

---

[1] 在这一部分，A 和 E 应该看作 Ah 和 Eh 的发音，而不是字母的名称。——译者注

要讲的，但你必须知道！）什么是 A（Ah）？当太阳升起的时候，我满怀崇敬地看着它：Ah（啊）！ A（Ah)表达了惊讶和惊奇。或者，一只苍蝇停在我的额头上，我会说——E（Eh）。这种声音表达了驱赶的意思。在英语中，发音 E 所对应的情感与德语有些不同，但在包括英语在内的每一种语言中，我们都能够找到表达惊讶和惊奇的“A”这一元音。

现在让我们以一个典型的单词为例：roll（滚）——例如，一个球在滚。当 R 和 L 这两个音在一起时，你是不是会感受到一个球滚起来了（见图21a）？如果只有 R 一个音，那就会是这样（见图21b）。

R 和 L 两个发音继续进行着。L 带来一种持续进行的感觉。现在你就有了辅音所模仿出来的外界某事物的进程（见图21c）。

a　b　c

图21

所以，整个语言都是由表达了人们内心诸如惊讶、惊奇、自我防御、自信等情感的元音，以及表达了模仿外界的辅音构成的。我们一定不能将这样的感受从儿童身上赶走。儿童应该由外界的事物、内在的情感与外界的事物之间的联系来学习发音。语言中的所有方面都应该源于这种感受。在“roll（滚）”这个单词中，儿童应该真的感受到 R、O、L、L，这对于每个单词都是一样的。

现代文明教育下的人早已遗失了这种对于发音的感受。他们认为文字仅仅是写下来的东西，或者只是抽象的内容。人们无法真正发自内心地感受语言。你们看，所有那些原始的语言仍然保留着情感，而文明化的语言却使得讲话变成了一件抽象的事情。看看你们的英语，许多单词的后半部分已经被抛弃，有的单词则跳过了真正有感受的发音。但是，儿童必须沉浸在这种对于语言的感受之中。

这种感觉必须通过仔细学习其中包含了情感的典型的单词才能够得到培养。今日，在德语中，我们管头叫作“kopf”，在英语中它叫作“head”，在意大利语中它叫作“testa”。现在的人们和语言之间的关系通常是抽象的，他们会对此说些什么呢？他们会说，这个单词在德语中是“kopf”，在意大利语中是“testa”，在英语中是“head”。但所有这些根本都不是真实的，没有任何意义。

让我们来想一想，什么是“kopf”？“kopf”代表了某种形式的东西，它是圆形的。当你说“kopf”时，你是在表达形状。而意大利语中的“testa”和“testament（证明）”、“testify（作证）”同根，当你说这个单词时，你表达的是“头”可以确立或证实一些事。这时，你所表达的是不一样的内容。“头”是一切的创立者，是证人。在英语中，人们认为头是人体最重要的部分（虽然你知道这种观点并不正确）。所以，英语中的“head”就是最重要的事物，所有事情的目标，一切的目的和汇合点。

因此，不同的语言表达了不同的含义。如果人们想要表达同一个东西，那么英国人和意大利人都会说“kopf”，但他们指的并不是相同的东西。在人类的原始语言中，同样的东西在不同的地方都有相似的表达，所以原始语言对于所有人来说都是相似的。之后，人们开始分离，并开始以不同的方式进行表达，不同的语言就是这样产生的。当你把所表达的不同的东西都当作一样的时，你便无法感受到单词本身所蕴含的意思了。因此不要让儿童失去这种对语言的感受，这非常重要。你要让儿童对这种感受保持一种活力，也正是因此，你绝对不要在儿童9岁或10岁之前对语言进行分析。

只有在儿童9岁或10岁之后，你才可以向他们讲解什么是名词、动词或者形容词，等等。你一定不要在儿童9岁或10岁之前就这样做，否则你会讲出很多与儿童自身紧密相关但他们还无法理解的事物，因为他们还无法将自身与外界环境区分开。一定要记住，我们一定不能允许任何语法或对不同语言的比较在儿童9岁或10岁之前出现。这样一来，儿童在讲话时就会得到和唱歌一样的益处。

我在前面描绘了一幅奶牛躺在草地上消化食物的画面，以及它们由消化器官引发的内心愉悦。我试图用这幅画面向你们说明这种内心的愉悦究竟是怎样的。儿童一定要有一种像这样的内心愉悦，或者至少感受到某个词语包含的情感，比如感受到这种内在的“滚动（roll）”。语言的体验一定要在内部体会，而不是只由头脑思考出来。现在的人们大多是用头脑思考语言的，因此，当他们将一种语言翻译成另一种语言时，为了找到正确的单词，他们总会拿出一本字典。在字典中，不同语言的单词会被编排在一起，所以你会同时发现“testa”和“kopf”，并认为这两个单词是一样的意思。但是，它们完全不同。每一个词表达的都是不同的概念，而这种概念只能通过感受表达出来。在语言教学的过程中，我们一定要考虑到这一点。在这里，另一个因素也出现了，这个因素便是精神。在人类死后或降临尘世之前，他们根本不可能理解所谓的名词性实词。那些被称为死者的人根本不知道什么是名词性实词，他们也不知道如何对事物进行命名，但他们仍保有对于品质的知识。因此，与死者进行关于品质的交流是有可能的。但是在死后更长的进程中，这种交流也很快会停止。能够保持最久的是对于动词的理解、关于动作的词语、主动或被动的表达方式。在所有的表达中，保持最久的是对于感觉的表达：噢（Oh）、啊（Ah）、咦（I，即ee）、呃（E，即eh）。在所有的表达方式中，这些感叹是死者保留时间最长的。

通过这些，你可以看出人类灵魂对感叹词有一种生动的经历是多么重要，否则这种经历就会变得与精神完全无关。所有的感叹词其实都是元音，而辅音是外部世界的复制品——它们在人死后很快就会消失，在人类降临到尘世前也并不存在。我们真的应该去经历这种对于语言的感受，同时也要注意儿童身体内这样的感受，并注意不能通过过早地教授儿童关于名词、形容词等的课程促使这种感受产生，而应该等到儿童9岁或10岁时才能进行。

在华德福学校，从第一堂课开始，我们就介绍了优律思美。它是一种看得见的语言，在其中，个人或群体通过做出特定的动作来展现自我，就像使用语言来表达自我一样。如果语言课被人们以正确的方式对待，也就是说，如果教师没有破坏儿童对于语言的感受，而是珍爱这种感受，那么儿童就会觉得从语言到优律思美的过渡是自然而然的，就像很小的孩子觉得学习讲话也是一种自然而然的过程一样。在将优律思美教给儿童的过程中，你不会有一点困难。如果他们都是健康发展的儿童，他们就会想要学习优律思美。你会发现，不想参与优律思美的儿童一般来说都有一些病变。如果他们所有的器官都是健全的，他们理所应当想要参与优律思美，就像他们在婴儿时想要学习说话一样。这是因为儿童会感受到一种强烈的冲动，他们想要以体内的意志力的活动来表达自己内心的体验。你可以从儿童早期开始的笑和哭，以及他们脸上表达出的各种各样的表情看出这一点。

如果你说一只狗或任何一种其他动物笑了，那一定是一种比喻的说法。不管怎样，一只狗都不可能像人一样笑，也不可能像人一样哭。动物在用姿势和动作表达内在体验上是与人类大不相同的。从这一方面来说，人类和动物之间有着非常大的区别。

优律思美和语言有着一样的表达规则。语言并不是一件随意发生的事情。例如“water（水）”这个单词，你不能说成“vunter”或其他类似的词语。语言有它的规则，优律思美也有其规则。在做一般的身体动作时，人类处于一种自由的状态之下，尽管很多动作都是出于某种本能的反应：当我仔细思考时，我会将手指放在额头上；当我想要表达某件事不是真的时，我会摇头并摆手，仿佛我要将它擦去一样。但是，优律思美则将内部和外部的体验导入有秩序的动作中，就像言语将内部体验导入声音中一样。这就是优律思美——儿童想要学习的优律思美。优律思美还没有在现代的教育中实行，这一事实正说明人们并没有想到要将人类的能力从本能中唤醒。因为如果你这么做了，那么按照事情的自然发展路线，你一定会接触到优律思美。

这并不意味着优律思美的教学会与体操、体育的教学相冲突。优律思美有很不同的内容，教师和教育工作者一定要认识到这种区别。现如今教给儿童的体操和各种各样的体育运动与优律思美大不相同。但你可以很好地让这两者共处。因为人们对于空间的理解多是非常抽象的，人们并没有考虑到空间其实是具体的、有形的。人们已经习惯认为地球是圆的，所以当地球上某一边的人跳一下的时候，我们会说他跳“上来”了。但是对于地球另一边的人来说，我们可以想象，他的腿朝上，头朝下，当他跳的时候，他是跳“下去”的。但是，我们无法拥有这样的经历。我曾经读过一本关于自然哲学的书，该书的作者试图嘲笑“天空一定是在脚下”这种想法。但是，宇宙的实相要比这丰富得多。我们不应该将自己与世界和空间孤立开，认为空间本身是抽象的，这种判断是不可取的。有些哲学家，例如休谟[1]、密尔[2]和康德[3]，就有这样的想法。但这都不是真实的，这真的都是无稽之谈。空间是一种人类能够意识到的、实在的事物。我们每个人都会感受到自己存在于空间之中，也会感受到找到自己在空间中的位置的必要性。当我

---

1 大卫·休谟（David Hume，1711—1776），苏格兰哲学家、经济学家、历史学家。——译者注

2 约翰·斯图尔特·密尔（John Stuart Mill，1806—1873），英国哲学家和经济学家。——译者注

3 伊曼纽尔·康德（Immanuel Kant，1724—1804），启蒙时代德意志哲学家，德国古典哲学创始人。——译者注

们尝试在空间中找到平衡、尝试在空间中不同的状态下找到立身之地时，运动和体育就出现了。通过这些努力，人类试图发展出个人与空间的关系。

如果你做这样的动作（手臂向外伸），你会感觉到你是在将双臂向水平方向伸出。如果你跳起来，你会感觉到你在用身体的力量向上移动。这些都是体操活动。但是，如果你感受到自己拥有一种内在的体验——“EE”的声音——并且对它进行了反思，那么你也许就会做出一个类似的动作。但是，在这种情况下，内心的灵魂品质经由动作表现了出来，一个人内在的自我显示了出来。优律思美就是这样，它揭露了真实的自我。优律思美表达了人类在心灵这个领域对于呼吸和血液循环的体验。在做体操和运动时，我们就像是在充满各种各样线条和方向的框架中去感受空间。我们跟随这些线条和方向移动，器官也跟着活动。我们爬上一个梯子或者拉着一条绳子向上爬，此时我们是在根据外界空间而活动的。

这就是运动与优律思美的区别。优律思美允许灵魂向外流动，因此成为人类一种真正的表达方式，就像语言一样——优律思美是看得到的语言。

运动和体操是人类适应外界空间的一种方式。它让人们适应外在的世界，并允许人们实验各种方法，看看哪一种方法才能让他们自己更好地融入。这不是语言，不能揭露出人类真正的样子，而更多的是世界对于人类的一种要求——要求人类适应世界，并能够找出融入世界的方式。你们一定要注意这种区别。体操教师让儿童做动作，儿童可能会以这种方式适应外部的世界。优律思美教师会表达出人类内在的本性。我们一定要感受到这一点，一定要意识到这一点。只有这样，优律思美、体操和游戏——如果你想将它加入教学中的话——就都能在教学中找到它们自己的正确位置。

明天我们会继续深入地进行讲解。

第七讲

（1924年8月19日）

现在我们会对方法进行更深入的讨论。当然，在这么短的一段时间内，我只能挑选几个例子展示给你们。

当我们考虑儿童从换牙期到青春期这段时间时，我们会发现，它可以分为三个阶段。我们一定要将这些内容牢记于心，因为在指导儿童度过他们早期的学校生活的过程中，我们将会运用到它们。

在第一个阶段，儿童开始将自己与外界环境区分开，并且能够区分“主体”（他们自己）和“客体”（包围着他们的外界事物）。在此之前，我们都应该以这样的方式进行教学，即让儿童感觉到体内体外的所有事物都是统一的，这非常重要。我已经向你们展示了如何才能充满艺术地进行这样的教学。在第二个阶段，我们见证了对于外部世界的描述是如何通过对于动植物的教学进行转变的。直到儿童12岁以前，你都可以以很基础的方式介绍这些内容。第三个阶段是从12岁到青春期，只有在这个时候，我们才能进行无生命的自然的教学，因为这时候儿童才真正开始理解无生命的世界。

我们也许可以这样说，从7岁到大约九岁半或九岁四个月，儿童会用他们的灵魂吸收所有的信息。没有什么内容儿童不是用他的灵魂去吸收的。树木、繁星、云朵、石头，世间万物都被儿童的灵魂吸收。从大约九岁四个月到十一岁八个月，儿童已经察觉到他们所看到的自己身上的灵魂品质与其他只是“活着”的东西之间的区别。我们现在可以将地球作为一个整体与儿童交谈了。于是，我们便有了“灵魂”品质和“活着”的品质。然后，从十一岁八个月到大约14岁，儿童能够辨别什么是灵魂、什么是活的、什么是死的，也就是说，儿童能够基于因果原则进行判断了。

在儿童长到12岁之前，我们应该绝口不提那些没有生命的事物。只有在儿童成长至12岁之后，我们才应该开始谈论矿物、物理现象、化学现象等。我们自己必须明确地知道，对于处在换牙期和青春期之间的儿童来说，其内在主要的活跃因素是想象，而不是理智。我们必须时常考虑到儿童的想象，因此，就像我经常说的一样，我们必须培养我们自己的想象力。如果我们不这样做，而是在儿童年幼时，就将各种各样充满理智的事物传达给他们，那么他们就无法以适切的方式发展，甚至会影响到他们的肉体。现如今很多疾病其实都是在这个物质时代中，人们过多地关注换牙期至青春期之间儿童的理智发展的结果。

只有在儿童接近12岁时，我们才应该逐步地向他们介绍无生命的世界，因为这个无生命的世界要靠理智去理解。这时候，我们可以介绍矿物、物理和化学现象等。但是即使在这时，我们也应该尽可能地将这个无生命的世界与生命联系起来，而不是简单了当地开始。比如，在向儿童介绍一系列矿物时，我们应该由地球开始，向他们介绍土壤，说明地球是如何由山脉组成的。然后，我们可以继续介绍山脚是如何由土壤所包围的，山越高就会变得越贫瘠，山上的植物也会越少。这样我们就说到了山川的贫瘠，就提到了矿物。也就是我们从山川着手，将内容引向矿物。

当我们为儿童清晰地描述了山之后，我们便可以向他们展示一种矿物标本，然后说："如果你从这条路爬上山的话，你就能发现这种矿石。它就是在这儿被发现的。"当你用这种方法介绍了几种矿物后，你就可以继续讲解矿物本身的特质了。但是，你必须要以上述方式介绍其他的内容，在这里你依然要从整体入手，而不是部分，这非常重要。

讲到物理现象时，也要由生活本身着手，这非常重要。你不应该按照今日教科书上所写的内容开始物理的教学，而应该简单地点燃一根火柴，让儿童观察它是如何开始燃烧的。你必须让他们注意所有的细节：火焰是什么样子的；火焰的外层是什么样子的；火焰的里层是什么样子的；当你吹灭火焰后如何在顶部留下了一个小黑点。当你演示完这些细节后，你就可以向儿童解释火柴中的火焰是如何点燃的、火焰的燃烧是由热量产生的，等等。因此，你必须将所有事情与生活本身联系在一起。

或者，我们再以杠杆为例：不要像物理书中一样，一开始就讲一根杠杆包含一个支点，在这个点的一侧有一个力，在另一侧也有一个力。你应该由一个天平入手，让儿童想象一下去一家商店买东西，这家商店会对商品进行称重，从这里将内容过渡到均衡和平衡，然后过渡到重量和重力的概念。永远都要从生活本身延伸出物理现象和化学现象。

在讲到不同的物理现象和矿物现象时，要从现实生活着手，这是非常重要的。如果你以另一种方式进行教学，即从抽象内容着手，那么儿童身上就会发生奇怪的现象，这堂课很快就会让儿童感到疲惫。如果你从现实生活开始教学，儿童就不会感到疲惫；如果你从抽象内容开始教学，他们则会感到疲惫。

教学的一条黄金定律就是：儿童不应该感到疲惫。现在所谓的实验性教育有一些奇怪的地方。实验心理学家会记录下一切会让儿童感到疲惫的心智活动，并据此决定让儿童学习某一科目的时间长短，从而避免孩子产生疲劳。

这种观念从头到尾都是错误的。你可以从我的书中读到事实的真相，特别是《灵魂之谜》（*Riddles of the Soul*）以及其他很多的讲座中。我现在只想提醒你们，人类是由三个部分组成的，即神经感知机体，它支持整个人类的精神活动；节奏机体，它包含呼吸节奏、血液循环，等等；肢体的新陈代谢机体，它利用各种各样的物质在体内进行转化。

现在，如果你思考一下儿童从出生到换牙期之间的身体发展，你会发现主要的发展部分是头部组织，也就是神经感知机体[1]。在儿童生命的初期，他的发展是从头部开始向下进行的。你必须仔细进行观察。首先观察人类的胚胎，也就是一个尚未出生的孩子。在胚胎的其他身体部分还未充分发育时，他的头部就已经很大了。在孩子出生后，从外表上看，他的头部仍然是最大、最强壮的部分。儿童的整个成长过程也是从头部开始的。

对于7岁到14岁之间的儿童来说，事情就完全不是这样了。呼吸的节奏、血液循环的节奏、整个节奏机体才是在儿童换牙期到青春期之间起支配作用的系统。

但是，从根本上来说，什么是节奏呢？如果你进行了很多思考，特别是如果你不得不学习，那么你就会感到疲劳，这是一种头脑的疲劳。如果你必须要走很远的路，你也会感到疲劳，这是一种对于四肢机体的锻炼。头部或者神经感知机体，以及肢体的新陈代谢都会变得疲劳。但是，节奏机体永远不会疲劳。

你只要想一想：从早到晚你都在呼吸，你的心脏整天都在跳动，从你出生到去世，它们都不能停止。它们的节奏必须不停地进行下去，一刻也不能变得疲惫。它们永远都不会累。

在教育和教学过程中，你进行表达的对象一定要是儿童体内正

[1] 斯坦纳博士在这里讨论的是器官的发展，而不是儿童精神的成长。在儿童成长的第一个阶段，头脑和神经系统展现出的功能与之后展现出的功能截然不同。在此时开始对儿童进行理智方面的教育是没有问题的。见鲁道夫·斯坦纳的《人智学启迪下的儿童教育》(*The Education of the Child in the Light of Anthroposophy*)。——译者注

在起着支配作用的系统。因此，在换牙期至青春期之间，你必须用图像的形式针对儿童体内的节奏机体进行教学。不管你向儿童描述什么内容或是做些什么，你都要尽可能少地让其与头部发生关联。相反，儿童的心、节奏机体，所有充满艺术性和节奏性的事物都一定要参与其中。结果会是怎样的呢？结果就是通过这样的教学，儿童永远不会感到疲劳，因为是他们的节奏系统在参与教学，而不是他们的头脑。

在如今这个物质时代，人们都非常聪明，所以他们决定允许儿童在课间嬉戏玩耍。让儿童嬉戏玩耍当然是一件好事，它的好处在于其中包含了他们的灵魂品质，因为儿童可以从中得到乐趣。实验证明，如果教师以正确的方式进行教学，儿童在课堂上会比他们在户外玩耍更不易感到疲劳。他们四肢的活动会使他们感到更加疲劳，但是你在课堂上以正确的方式给予他们的内容应该永远不会让他们感到疲劳。越是以生动的方式展现所有事物，发展儿童创造图像的能力，越少地运用理智，即越是只要求节奏系统去工作，儿童便越不容易变得疲劳。因此，当实验心理学家观察儿童疲劳的程度时，他们其实在观察什么呢？他们观察的其实是你的教学有多么差劲。如果你的教学方式足够好，他们就完全看不出儿童身上有疲劳的迹象。

在对小学学龄儿童的教学中，我们必须要注意，只让他们的节奏系统参与到教学中。节奏系统永远不会疲惫。如果我们方法得当，它也不会被过度使用。对于这一节奏系统，我们需要的不是基于理智的教法，而是由幻想而产生的展示图像的教法。因此，在教学中，幻想应该起支配作用，这是必要的。即使在我们讲到的最后一个阶段，即十一岁八个月到14岁之间，幻想也仍然要起支配作用。我们必须经由幻想，将无生命的事物与生活联系起来，并且永远将它们与真实的生活相联系。将所有物理现象与现实生活联系起来是可能的，但我们自己必须先要有幻想，只有这样我们才有可能进行上述的联系。这是绝对必要的。

在儿童要写一些内容，也就是写作文时，这种幻想应该成为首要的指导原则。你必须严格避免让儿童写你没有事先详细讲解过的内容。你有着教师和教育工作者的权威，你应该先向儿童讲解作文的主题，然后让儿童在你所讲解的内容的影响下写出作文。即使儿童已经接近青春期时，你也不能违反这一原则。此时，儿童也不能随便写发生在他们身上的人和事，而是应该经由与老师讨论作文的主题后，感受到他们的体内有一种特殊的情绪被激起，他们之后在自己的作文中所写的内容都深受这一情绪的影响。

这里我们再次强调要将“活力”作为教学的指导原则。教师的“活力”必须传递到儿童身上，成为儿童的一部分。

从以上内容你会看出，你的所有教学和教育内容必须来自真实的生活。现如今，你会经常听到这样的说法：人们都说教学一定要以生动的方式进行，而且要与现实一致，但是，首先我们要了解究竟什么才是真正与现实一致的。我会给你举一个我亲身经历的例子，这个例子会告诉你，虽然人们在理论中有最棒的教育原则，但在实践中有时仍会发生状况。

有一次，我走进一间教室，课堂上教师正在给出一个例子。这个例子应该是要将加法与现实生活联系在一起的。例子中包含了$14\frac{2}{3}$、$16\frac{5}{8}$和$25\frac{3}{5}$，它们不是要被简单地相加在一起，而是要与生活联系在一起。这位老师是这样做的：他告诉儿童有一个人出生于1895年3月25日，另一个人出生于1898年8月27日，第三个人出生于1899年12月3日，问他们这三个人加在一起共多少岁？这就是提出的问题。三个数总和的计算是以很认真的方式进行的：从给出的1895年的日期到1924[1]年是$29\frac{3}{4}$年，这是第一个人的年龄。第二个人到1924年，大约是$26\frac{1}{2}$岁。由于第三个人出生于1899年12月3日，所以我们可以说他25岁了。于是教师告诉儿童，如果将这三个人的年龄加在一起，便能得出他们总共多少岁了。

但是我亲爱的朋友们，我只是想问问，怎么可能用年龄组成一个总和呢？你要如何考虑这个问题？当然，用这些数字做加法就可以得到一个总和，但是在现实中你如何找出这样一个总和呢？这三个人活在同一个时代，所以他们不可能一起经历这样的事。像这样的总和根本不是取自生活。

有人向我指出，上述这个例子出自一本满是其他例子的书。后来我看了这本书，并在书中找到了其他一些类似的例子。在很多情况下，我发现这样的例子会给日常生活带来各种各样的后果，这是关于这些例子的很重要的一点。我们在学校所教的会影响到日常生活，如

[1] 该计算所用的日期为演讲当日的日期。——译者注

果学校的教学是错误的，即如果我们将上述这样不真实的情况融入算术教学的例子，那么年轻人就会将这样的思维方式运用到日常生活中。我不知道在英国是否也是这样，但在中欧，如果几个罪犯一同被控告并一起被判刑，你有时会在报纸中读到这样的内容：五名罪犯一共被判入狱$75\frac{1}{2}$年，其中一名罪犯被判了10年，另一名罪犯被判了20年，等等，所有罪行都被加在了一起。你总是不断在报纸中看到这样的内容。我想知道在现实生活中这样的总和究竟代表什么。对于每一名被判刑的罪犯来说，加在一起的数字没有任何意义。在这75年结束之前，他们每个人都早就自由了，所以这个总和完全不符合现实。

你看，将所有事物与现实直接联系在一起是一件非常重要的事。如果你给予儿童一个总和，但这个总和在现实生活中根本不可能出现，那就等于是在毒害儿童。

你必须引导儿童去思考那些他们能够在生活中发现的事物。这样一来，通过你的教学，现实又会被带回生活中。在这个时代，我们承受了很多来自不真实想法的痛苦，教师必须审慎地思考这一点。

现在有一种理论，尽管它是由人们所认为的聪明绝顶的人提出来的，但它其实只是一种教育的产物，那就是所谓的“相对论”。我希望你已经对这个与爱因斯坦的名字相关的理论有所了解，这个理论中很大一部分都是正确的，但是它也被以下这样的方式曲解：让我们想象一下，在某个地方有人发射了一颗炮弹。如果你在离发射地点很远的地方，经过一段时间之后，你才能听到炮声。如果你不是站在原地，而是向着与炮声相反的方向走，那么你会晚一些听到炮声。你走开得越快，你就越晚听到炮声。与之相反，如果你向着炮声的方向走，你就会越早听到炮声。

但是，如果你继续这样想，你就会得到一种可能的理论设想（虽然这种设想在现实生活中不可能）：如果你以比声音传播速度还要快的速度向着声音的方向走，那么根据以上结论，你可以得出这样的观点：你有可能在炮弹发射之前就听到了声音！

如果理论是由一种与现实不一致的思维模式产生，那么上述情况就会发生。一个能够根据现实思考的人一定会时不时有些惨痛的经历。在爱因斯坦的书中，你甚至可以发现这样的例子，你可以将一块手表以光速送往宇宙，然后再将它送回来。书中告诉我们如果手表以光速去到宇宙再返回之后会发生什么事。我倒是很想看看这块表以光速飞走后又飞回来之后究竟会变成什么样子！最重要的是，我们永远不能在思考的过程中脱离现实。

现如今大多数教育的有害之处都源于此，你能够在那些“示范”幼儿园中发现，教师为儿童设定好了各种各样的工作。在现实生活中，我们不应该让儿童做任何不是模仿生活的事情，即使是在游戏中也要坚持这一原则。所有福禄贝尔[1]设计的活动和类似的已经被设定好的活动都是非常不好的。我们必须坚守这个原则，即儿童只能做那

[1] 弗里德里希·威廉·奥古斯特·福禄贝尔（Friedrich Wilhelm Frobel，1782—1852），德国教育家，现代学前教育的鼻祖。福禄贝尔认为，游戏和手工作业应是幼儿时期最主要的活动，而知识的传授只是附加的部分，穿插其中。幼儿园上课只需要用口语，不需要学习文字。——译者注

些模仿生活的事情，即使在游戏中也是一样，这非常重要。

基于这一原因，就像我已经说过的，我们不应该向儿童提供那些所谓“精致的”玩具，而应该给他们提供玩偶或其他玩具——这些玩具能够在最大程度上让儿童进行幻想，这非常重要。在此我诚挚地请求你们坚持这个原则，即不要让任何与生活无关的内容进入教学和教育中。当你让儿童描述一样东西时，同样的道理也适用。如果他们偏离了现实，你应该不断地唤起他们的注意。理智永远无法像现实一样深入人心。幻想可能会偏离正轨，这是实情，但它源于现实，而理智则永远存在于表面。这就是为什么当教师站在学生面前讲课时，教师本人一定不能与现实脱节，这一点至关重要。

为了支持这样的教学方式，华德福学校会举行教师会议，这是教学的核心与灵魂。在这些会议中，所有的教师都会发言，讲述自己作为个体从他们的班级以及所有的儿童身上学到了什么，这样一来，教师们就能互相学习。这种固定的教师会议非常重要，如果没有它们，那么学校便无法保持活力。

教师确实能够从会议中学到很多。在华德福学校，我们的班级都是男女混编的。这其中有显著的不同，这种不同不是说男孩和女孩会互相说些什么，又或是他们会有意识地交换些什么，这种不同来自班里的女孩比较多还是男孩比较多，又或是男孩和女孩一样多。我已经对此进行了许多年的观察，事实证明当班上的女孩比男孩多时，这个班级会有显著的不同。

在女孩比男孩多的班级中，身为教师的你很快就会发现自己没有那么疲惫，因为女孩理解知识要比男孩容易得多，而且她们也更加渴望学习。你还会发现很多其他的不同之处。总之，你很快会发现，当班上的男孩比女孩少时，男孩会更快地理解知识。但如果班上的女孩比男孩少时，女孩理解知识的能力则会降低。还有很多其他区别，这些区别不是存在于他们如何聊天、如果对待彼此，而是存在于不可衡量的事物之内，并且他们本身都有让人不可思议的地方。

教师必须谨慎地观察这些事情，也要在教师会议中提到每一件关系到整个班级或是某一个儿童的事情。这样，每名教师都真正有机会对每一个学生的不同性格产生深刻的理解。

当然，有一件事在华德福学校的教育方法中是有难度的，即我们必须比一般课堂教学更加谨慎地思考究竟如何才能真正帮助儿童进步。我们努力想要“解读”出针对特定年龄的儿童应该教些什么。我所讲的一切都是为了达到这个目标。

现在设想一下，一名教师的班级里有一名九到十岁的儿童，他所在的班级是适合他的年龄的。教师没有意识到这名儿童在学习上已经落后太多，他不能继续跟班上的学生一起升级，结果就会是在接下来的一年中，这名儿童只能和比他小的儿童一起上课。因此，不管怎样，我们都应该避免让同一个班级中的儿童处于落后状态，即使他们没有达到学校要求的标准。这并不像让儿童留级并重复之前的学习内容那样容易实施，但我们应该不惜任何代价避免这种情况的发生。有一种改善方法就是将学习不好的儿童编进一个为学习落后儿童专门设立的班级中。在任何方面没有达到标准的儿童都会进入这个特殊班级中。

另外，就像我讲过的，我们不让儿童落后，无论如何都试图将他们带回标准所要求的范围内，这样一来，每名儿童都能够接受适合他这个年纪的教育。

我们也必须考虑到那些不得不在青春期，即在小学阶段的末尾，就离开学校的儿童，他们因此不能再继续高年级的课程。我们必须给自己制订一个目标，那就是通过我们教学的要旨，让他们在离校时观察世界的角度会与生活本身相一致。我们可以通过两种方法实现这一目标。一方面，我们可以对科学和历史课程进行设计，这样在儿童学业结束时，他们能够对人类有一定的认识，对人类在世界中的地位有一定的理解。所有内容都必须指向关于人类的认识，儿童在七年级或八年级时（即13或14岁时）便能有完整的了解。这样一来，他们所学的一切便能够让他们理解人类本身的规律、力量以及物质的运作，也能让他们理解人类是如何与世界上所有的物质、灵魂、精神相联系的。因此，儿童在他们自己的人生进程中，便能够理解人类在整个宇宙中究竟是如何自处的。这就是我们试图达到的一个目标。

另一方面，我们试图让儿童理解生活。现在的大多数人，特别是那些在城镇中长大的人，完全不知道各种各样的东西都是如何制成的，比如纸。很多人不知道他们写字的纸或者他们穿在身上的布料是如何制成的。如果他们穿皮鞋，他们也不知道皮革是如何制造出来的。

想想这世界上有多少人喝着啤酒却不知道啤酒是怎么制成的，这真的是一件很不幸的事。就这一点而言，我们当然不可能让所有人知道所有的事，但我们试图给自己制订一个目标，即尽可能试着让儿童了解各行各业，也希望他们学到生活中各种各样的东西是如何制成的。

但是，从现如今教育制度对于儿童的要求的角度来看，想要成功进行一种与生活本身相关的教育是非常困难的。我们必须经受一些非常痛苦的过程。比如，有一次，一个孩子因为家庭原因不得不在刚上完二年级的时候离开学校。他不得不在另一所学校继续他的教育。我们受到了最为严厉的责难，因为新学校所要求的算数能力远远超过了我们对他的要求，但读写能力则远远低于我们的要求。此外，他们还写信告诉我们，这个孩子会的优律思美、画画和其他内容对于他一点用处也没有。

如果我们既要对儿童进行源于人类知识的教育，又要进行与生活的要求一致的教育，那么他们就需要了解如何正确地读写，因为现今这是对他们的要求。如此一来，课程中会包含很多内容，只是因为现在的习惯是这样要求的。但是无论如何，我们都必须尽可能地让儿童与现实生活联系在一起。

如果可能的话，我很希望能够请一名鞋匠在华德福学校做教师。这种安排不可能实现，因为这并不符合按照当代要求所设立的课程。但是，为了让儿童学会怎样做一双鞋，能够通过他们自己实际操作而不是从理论上了解到做一双鞋都需要些什么，我真的希望学校的教职工中能够有一名鞋匠。虽然它是与现实生活完全一致的内容，但是因为它与教育制度不符，所以无法实现。不过，我们仍然试图让儿童能够成为实践工作者。

当你来到华德福学校时，你会发现儿童都很擅长装订书本和制作盒子，你也会发现教师是如何以一种充满艺术的方式引导他们进行手工制作的。例如，教师不会教女孩怎么制作现如今女士们穿的那类衣服。人们并没有意识到领口的花纹应该不同于腰带或裙边的花纹。比如，人们不会考虑到这里（见图22a）的花纹必须有特殊的样式，因为它是在领口的，而腰带上的花纹（见图22b）必须要穿过上沿和下沿，等等。

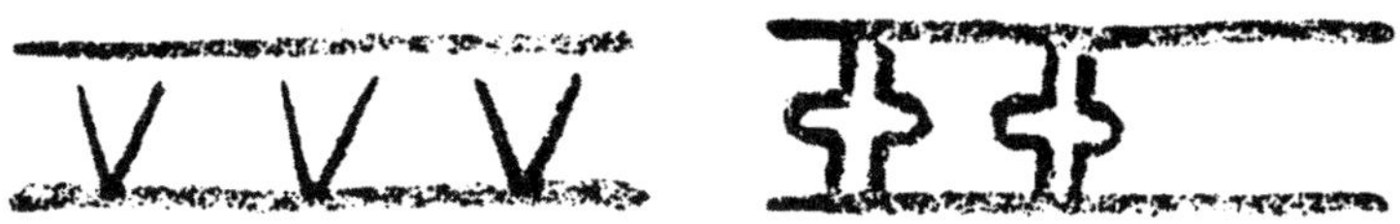

图22

还有，我们从来不会让儿童做一个有着封闭花纹的靠枕，但靠枕上的花纹应该能够表示出头要枕在何处。你得让人看出左侧和右侧之间的差别等。因此，生活本身被编织进了儿童制作的所有东西中，他们也能从中学到很多东西。这是另一种让儿童学会如何正确对待生活的方法。

我们试图在所有的细节中都这样实行。以老师撰写的报告为例，我实在无法想象用2、3或$2\frac{1}{2}$这样的数字对儿童的能力进行评分是什么意思。我不知道在英国是否也用数字或字母给儿童打分，表明儿童能做到些什么。在中欧，教师通常会给儿童打3分或者4分。在华德福学校，我们不会写出这样的报告。相反，每一名教师都要了解每一名儿童，并在报告中对他们进行描述。在这份报告中，教师以自己的语言描述儿童的能力以及他取得的进步。

每一年，每名儿童都会在报告中收到一句写给他自己的座右铭或者诗句，他可以将这句话作为下一年的指导。这份报告是这样的：首先会写下儿童的名字，然后是那句座右铭或诗句，然后教师——没有使用刻板的字母或数字——简单地描述儿童的性格，以及他在不同科目中取得的进步。因此，这份报告是一种描述。儿童都很喜欢他们的报告，而且他们的父母也能够对自己孩子在学校的表现有实际的了解。

我们非常重视与儿童的父母保持联系，这样我们就能通过儿童了解到他们的家庭。唯有如此，我们才能了解每一个孩子，也才能知道如何有针对性地对待他们每一个人。例如，我们可能注意到一个孩子身上的品质与另一个孩子一样，但这项品质的意义却完全不同。

假设有两个孩子都表现出了一定程度的应激性。这时不仅要知道他们容易激动，并给予他们一些能够帮助他们安静下来的东西，而且要找出其中的原因——第一个儿童有一个容易激动的父亲，而儿童在模仿他的父亲；第二个儿童容易激动，因为他的心脏不好。在每一个个案中，我们必须能够找出这些特性下深埋的源头。

教师会议的真正目的是研究人类的本质，这样关于人类的真正知识才能在学校中不断地流淌。教师在会议中关心的是整个学校，其他所需的事物自然而然就会发生。最重要的是，教师在会议上要不断学习——稳定的、持续的学习。

以上就是我针对学校的实际组织提出的一些建议。

当然，如果我们能够将这一课程继续几周的话，我还有很多可以讲的内容。但是，时间不允许。因此，我想要你们在明天大家聚齐时，在答疑表上写下你们心中所有的疑惑。这样我就能够针对你们提出的问题做回答。

答　疑

（1924年8月20日）

（1）在教学中，乘法和除法之间真正的区别是什么？或者在一年级的教学中，这两者根本没有区别？[1]

这个问题可能来自我所说的关于乘法的内容。在乘法中，被乘数（一个因数）和乘积已经给出，我们要找出另一个乘数。当然，这真正表达出的其实就是除法。如果我们不去严格地咬文嚼字的话，那么我们也可以像如下这样考虑除法。

我们可以说：如果整体以一种特定的方式被分开，分开的每一部分是多少呢？在这个问题中，你包含了对于同样内容的另一个概念：一个数字要乘以几，才能得到另一个特定的数？

因此，如果我们的问题是将整体分为部分，我们就要利用除法。但是，如果我们从“有几倍……”这样的立场来考虑，那么我们就是

[1] 这些问题均以书面形式交给斯坦纳博士。——译者注

在做乘法。准确地说，乘法与除法之间的关系在这里是最为明确的。

但是，我们应该指出，在学习的早期他们可以用两种方法考虑除法。一种是我刚刚说到的，在这种方法中，我们会考虑如果将一个整体分成有限的部分，那么每一部分会是多少。这种方法是从整体入手得到部分，这是一种除法。另一种是从部分入手，找出整体中包含几个部分，这样一来，除法就不再是将整体分解成部分的过程，而是一种测量的方式。教师应该尽可能早地教会儿童将整体分解成部分的方法和测量的方法之间的区别，但是不要卖弄一大堆专业术语。这样，除法和乘法很快就不再只是单纯的计算了，而会变得与生活紧密相关。

所以在一年级的学习中，区分乘法和除法只在于你如何进行表达。但是，你必须要非常确定乘法和除法之间的差异。与加法和减法之间的差异比较起来，这是一种更细微的不同。儿童应该对这样的事有所了解，这非常重要。

因此，我们不能说一年级教学中的乘法与除法之间完全没有区别，而是应该用我刚刚说过的方法教他们。

（2）在数学教学中，我们应该在儿童几岁时进行从具体事物到抽象概念的转变？又该以何种方式进行？

首先，我们应该努力让所有数学教学中的内容都保持具体，最重要的是要在儿童9至10岁这一转折点之前，避免抽象的概念。在这个转折点之前，我们要将所有教学内容直接与生活相联系。

当我们这么做了两年或两年半之后，我们也已经真正注意到了算数并不是由抽象数字构成的，而是由以总和形式呈现出来的具体事实构成的。这样，我们才能看出在数学教学中由具体事物到抽象概念的转变是一件特别容易的事。因为，这种对待数字的方式会活跃于儿童的心中，这样一来教师就能非常轻松地将加法、减法等的抽象处理方法教给他们。

这样一来，将具体到抽象的转变尽可能地延迟至我所说的9岁到10岁之间就成了一个问题。

有一个方法能够帮助你将具体转变为抽象，那就是你在真实生活中总会用到的算数——花钱。英国有比欧洲大陆强得多的货币计量系统，因为在我们那里所有事情都用10进制。我希望你们也能对自己的货币计量系统有一种正确且健康的感受。货币计量系统合理、健康的基础在于，它应该尽可能地真实。在英国，你们仍然用12进制和20进制数钱[1]，这种计数方法已经在被称为欧洲大陆的我们那里不适用了。我想在测量方面你们已经用上10进制系统了吧？（听众的答案是，他们不会在日常生活中使用，只在科学研究中使用。）你们看，又一次地，你们有着更合意的计量系统！这能让一切事物保持具体。只有在计数的时候你们才用到10进制。

10进制系统的基础是什么呢？它基于我们原本就有的一种自然计数法。我已经告诉过你们了，数字并不是在头脑中形成的，而是由

[1] 1971年2月15日，英国和爱尔兰政府决定将自己的货币改为10进制。在此之前，他们一直沿用镑、先令和便士为计算单位，即1镑等于20先令，1先令等于12便士这一货币计量系统。——译者注

整个身体形成的，头脑只是反映了这些数字。我们很自然地觉得10或20是最大的数字。因为我们一共有10根手指。我们写出的所有数字都是从1到10的，在10之后我们会再次将数字本身看作具体的事物。

让我们看看这个例子：2头驴。在这个例子中，驴是具体的事物，而2是数字。我也可以说：2条狗。但是，如果你写出20这个数字，那它就是2乘以10。在这里，10就是那个具体的事物。我们的计数系统取决于一个事实，即当事物变得过于复杂时，我们就无法看清它的真相了，只好将数字本身也看作具体的事物，然后我们会再次将它当抽象的来用。除非我们将数字本身看作一种具体的事物——不论这个数字是什么样的，再用抽象的数与它进行计算，否则我们无法完成计算工作。100就简简单单是10乘以10。不论我是用“10乘以10”，然后将它看作100，还是用“10乘以10条狗”，这其实都是一样的。在这两个例子中，狗和10都是具体的事物。计算的真正秘密在于要将数字本身看作一种具体的事物。如果你能想明白这一点，那你就会发现从具体到抽象的转变就存在于生活中。我们会说两个12——两打——这和我们说2个10是一模一样的，只是我们没有与“打”相对应的说法来形容10，因为10进制系统是在抽象思维的影响下产生的。其他的计数系统仍然有着较为具体的数量表达方式，例如，一打、1先令。1先令是多少呢？在英国，1先令是12便士。但是，在我小时候，“先令”是被分为30份的，而且不是运用在货币系统当中。在我生活了很久的那个村庄中，街道两旁有很多房子，房子前种满了胡桃树。秋天的时候，男孩子们会打下那些胡桃，将它们储藏起来以备过冬。

当这些男孩子们来到学校时，他们会对此吹嘘不已。一个男孩会说："我摘了5先令胡桃。"另一个会说："我摘了10先令胡桃了。"他们所说的都是具体的事物。1先令永远意味着30个胡桃。农民只会担心他们能否在所有胡桃都被人摘完之前收集到足够的胡桃！我们过去常常会说"一胡桃先令"，这就是一个单位。卖胡桃是他们的权利，是一件公开的事。

所以，通过将数字与具体事物一起使用，即一打、两打、一双、两双等，从具体到抽象的转变便可以完成。我们不会说"四只手套"，而会说"两双手套"；我们不会说"四只鞋子"，而会说"两双鞋"。通过这种方法，我们可以逐渐由具体转变为抽象，以便在儿童9岁至10岁时向他们介绍抽象的数字。

（3）绘画教学应该在什么时候、以什么方式进行？

当我们提及绘画教学的时候，这实际上是一个如何从艺术的角度看待事情的问题。你们必须记住，用线条绘画是一种不怎么真实的事情。用线条绘画意味着什么呢？它意味着用线条表现出某个事物，但是在真实的世界中并不存在这样的线条。比如，现实生活中有海洋，它是用颜色（绿色）表示的，在它的上方是天空，也是用颜色（蓝色）表示的。如果这些颜色被组合在一起，你就有了天空下的海洋一幅图（见图23）。

图23

两种颜色交界的地方就形成了线条。如果我们说这里（水平的线条）是天空与海洋的交界，那这是一种非常抽象的说法。所以，从艺术的角度来说，一个人会感到现实世界应该由颜色来表现，或者如果你喜欢的话，应该由明暗阴影来表现。当我画一张脸的时候，它究竟是什么样的呢？这样的东西真的存在吗？（脸的轮廓已经画出，见图24a。）有这样的东西吗？这样的东西根本不存在。真正存在的是这样的东西（见图24b），图中有特定的明暗表面，通过这些明暗的对比，一张脸就出现了。用线条画出一张脸完全不真实，这样的东西根本不存在。

a

b

图24

艺术感会促使你发现用黑色、白色或其他颜色能够组成什么。之后，线条自己就会浮现出来，只有当你发现了明暗或不同颜色之间的交界时，所谓的“绘画线条”才会出现。

因此，无论如何，你对绘画的指导一定不能从用线条绘画开始，而要从涂色开始，让儿童先涂色或画出明暗。只有教师完全意识到它表现出的内容没有任何真实性的时候，对于绘画的教学才能表现出真正的价值。附加于线条绘画上的重要性已经给我们的思维模式带来了诸多伤害，从中生出的问题我们可以在视觉中发现，例如，人们画出线条来表示光线。我们在哪里能找到这些光线呢？我们在哪里都找不到。现实中我们见到的是图像。你在墙上凿一个洞，太阳光会从洞里穿过，于是在一面屏幕上形成了一个图像。光线也许能够被人们看到，那也是房间中的灰尘粒子的作用。房间灰尘越多，你就越容易看到光线。但我们通常画出的线条与光线之间的联系只是人们的想象。实际上，所有用线条画出的事物都是被想象出来的。只有当你开始教儿童透视图时，你才能向他们展示如何利用线条表示准线和准点。这种思维方式是你已经具备的，且与抽象教学法紧密联系。

教儿童用线条画出一匹马或一条狗，没有比这更差劲的事了。儿童应该拿着画刷涂出一条狗，而不是用线条描出一条狗。狗的轮廓根本不存在：它存在于何处呢？当然，如果我们把狗画在一张纸上，那么线条自己就那么产生了。

我们现在发现，不仅是儿童，就连教师也希望加入我们的学校。也许有很多教师想在华德福学校教书，因为他们会更喜欢这里。最近有很多人找我，向我讲述了他们在师范学校中学到的专业知识。历史教师、语言教师等有一点令人吃惊，但最令人吃惊的还是绘画教师，因为他们所具备的技能跟艺术感一点关系都没有，这样的艺术感在他们身上根本就不存在。

结果就是你几乎无法与这些绘画教师（我不会提到名字，这样我才能无所顾虑地讲话）进行对话，他们是一些干瘪、“非人”的人。他们根本不知道什么才是真实的。因为绘画这一职业使他们失去了与所有现实事物的接触和联系。只是跟他们谈话就已经很糟糕了，更别提他们想要在华德福学校中教绘画了，何况华德福学校根本就没有介绍这样的绘画课程。这些有着不真实的绘画技巧的人们的心态也是非常值得注意的。这些绘画教师的所作所为让人觉得悲伤，因为他们所做的事是完全不真实的。

因此，对于你所提出的问题我要说的是，不管怎样，你都应该由涂色而不是由线条描绘开始进行教学。这才是最重要的事。

我会详细地进行解释，以免有任何的误解。你可能会认为我对绘画教师有个人偏见。我希望能够这样解释，比如这里有一群儿童。我向他们展示了太阳是从这边照过来的。太阳光照在某个东西上，发出各种各样的光（见图25）。阳光照在所有事物上，我能够看到一片亮光。因为太阳光的照耀，我才能在所有地方都看到亮光。但是在这些亮光的上面，我却看不到明亮了，我看到的只有黑暗（蓝色）。但是我也能在这里看到黑暗，在明亮的部分下面，也许这里会有一点点亮光。之后太阳光像这样照下来时，我看到了某种绿颜色的东西。这里，黑色的阴影下面也是绿色的。在黑色和绿色之间还有其他一些古怪的东西。在这里，光是无法直接照进来的。

图25

你看，我提到了光和影以及无法被光穿透的东西。瞧，我画出了一棵树！我只是谈论了光和颜色，现在我却有了一棵树。我们无法真正画出一棵树，我们只能将光、影和绿色带入对于树的绘画中。如果这棵树是苹果树的话，你还可以加入一点黄色。但是，我们一定要谈论颜色、光和影，我们也确实只应该谈论真正存在的东西，即颜色、光和影。用线条绘画只应该出现在几何学以及与几何学相关的内容之中。在这些内容中，我们需要和线条打交道，而线条是一种在头脑中能够被想出来的东西。但是现实，尤其是具体的现实，是无法用一根笔描绘出来的。比如，一棵树必须由光、影和颜色形成，因为这才是生活本身真实的样子。[1]

如果一名正统的绘画教师来到这里，用线条把我们用颜色和阴影表现的树画了出来，那就太野蛮了。在现实中，只有亮一些的色块和暗一些的色块，这是自然造就出来的。如果我们在这里画出了线条，那就不是真实的了。

（4）是否应该在拉丁语和希腊语的教学中使用直接、不经过翻译的教学方法？

对于语言教学，拉丁语和希腊语要作为例外进行处理。我们没有必要将这两种语言直接与实际生活相联系，因为它们已经不再存在，我们只是将它们看作死的语言。希腊语和拉丁语的教学（希腊语的教学应在拉丁语之前）只有在儿童年龄大一些时候才能进行，因此以翻

1 演讲中出现的素描是用彩色粉笔在黑板上画出的，但此处只能以黑白形式将其再次呈现出来。——译者注

译的方式对这两种语言进行教学在某种程度上是合乎情理的。

没有人会用拉丁语和希腊语对话。我们的目标是为了解古代作家，所以我们使用这两种语言的最初、最重要的目的便是翻译。因此，在拉丁语和希腊语的教学中，我们不需要使用和其他语言一样的教学方法。

（5）体操应该如何教？曲棍球和板球这样的运动是否应该在英国的学校中教？如果是的话，该如何教？

华德福教育法并没有刻意地强调要去抑制这些运动的发展。它们有自己的地位，因为它们在英国式的生活中扮演了重要的角色，而且儿童应该在生活中成长。只不过，请不要成为这种错觉的牺牲品，即体育运动除了让儿童更为熟悉他们所生活的世界之外，不要认为它还有什么其他的意义。相信体育运动在儿童的发展中具有巨大的价值是一种错误的想法。它们只不过是英国人重视的一种时尚，对于儿童的发展并没有什么巨大的价值。但是，我们一定不能让儿童对这个世界感到陌生，不能将他们与所有流行的活动分隔开。英国人喜欢运动，所以儿童就应该接触运动。你不能为了符合与世俗相反的事物而迎合其实真正充满世俗气的事物。

关于“该如何教”，我能说的很少。因为这些事情其实多多少少就是让儿童模仿别人做出的动作。在体育运动的教学中，使用特殊的人工方法是一件非常不合适的事情。

在重复性训练或体操运动中，我们只是从解剖学和生理学的角度学习把四肢放在什么地方才能让身体敏捷地移动。这其实是一个关于如何才能让身体娴熟、轻巧、灵活的问题。人们一旦拥有了这样的技能，他就只需要简单地展示出来就好。假如你有一根单杠，这根单杠能够让儿童进行各种各样的锻炼，但忽视了其最有价值的部分，也就是挂在单杠上，像这样勾着单杠，然后向侧面摆动，再抓住更高的那根单杠，再摆动回来，然后再抓住第一根单杠。我们的练习没有跳跃的动作，但是你一直挂在单杠上，在空中飞行，做出各种动作，然后再抓住单杠。这样一来，手臂肌肉的形态和位置在练习过程中都能得到锻炼，这对于儿童全身的健康都有作用。

你必须了解哪些肌肉的内部运动能够对身体产生健康的影响，这样你才能知道要对哪些动作进行教学。然后你要做的就是在儿童面前演练这些动作，因为这种教学法只是包括了简单的初步展示。[1]

（6）在儿童的不同年龄，如何进行有关宗教的教学？

由于我总是从实际生活的角度来讨论问题，所以我必须告诉你们，华德福学校的教法是一种关于教育的方法。我们不应该将对于生活的哲学或是任何带有宗教色彩的内容带入学校。因此，我只能讲一些符合华德福学校原则的事情。

沃尔多夫的教育法规比较自由，所以对于我们来说是相对容易的。华德福学校刚刚建立时，当地政府对我们十分关心。我甚至可以在不考虑他们是否通过了国家级考试的情况下就自己指定教师。我的

[1] 上述对于体操运动的教学法，后来由弗里茨·格拉夫·博特默提出，他是一名来自斯图加特华德福学校的教师。——译者注

意思不是说通过了国家级考试的人都不适合当教师！我当然不会这么说。但是，我仍旧无法认识到通过国家级考试与一个人是否有资格成为华德福学校的教师有任何必然联系。

从这方面来说，事情一直进展得很顺利。但是在学校建立之初，有一件事是必要的，即我们要肯定地坚持这一观点：我们是一所“方法学校”，我们并不会干预社会生活，因为它是现在正在发生的。通过人智学，我们找到了最佳的教育方法，我们的学校是一所纯粹的“方法学校”。

因此，从一开始我就做了如下的安排，即关于宗教的教学并不包含在我们的课程表内。天主教的宗教教学应该由天主教的神父执行，新教的宗教教学应该由新教的牧师执行，等等。

在最初几年，大多数的学生都来自一间工厂（华德福卷烟厂），在他们之中有很多“持异见”的儿童，他们的家长都没有宗教信仰。但是，当然了，我们的教育道德心要求我们给予他们某种宗教方面的教育。因此，我们为这些儿童安排了“自由宗教课”，而且对此我们有一套特殊的方法。

在“自由宗教课”中，我们首先会教儿童感恩大自然中的一切事物。在讲传说和神话故事时，我们会简单地讲述石头、植物等。而在这些宗教课程中，我们引导儿童去感受所有事物的神圣。所以，我们会先进行一种被称之为“宗教自然主义”的教学，并以一种适合儿童的方式进行教学。

我要再次强调，就像我之前提到过的一样，儿童在九到十岁之前是无法理解《福音书》的含义的。九岁至十岁之后，我们才能在宗教课程中涉及《福音书》，继而进行关于《圣经·旧约》的讲解。在此以前，我们只能向儿童介绍一种最为笼统的自然宗教。对于这样的教学，我们也有自己的方法。在儿童9岁或10岁之后，我们应该继续进行《福音书》的教学。接着，在儿童12岁或13岁时，我们才应该进行《圣经·旧约》的教学。[1]

以上就是你要如何看待自由宗教课程。我们不会涉及天主教和新教的教学，我们必须将这些内容留给天主教和新教的神职人员。每个星期日我们都为那些参加自由宗教课程的儿童准备了一种特殊形式的礼拜。在做礼拜的过程中，我们向不同年龄的儿童展现了不同形式的礼拜方式。多年来，我们已经看到了这些礼拜仪式为实际生活带来的影响，它对于加深宗教感情有着特殊的作用，并且唤醒了儿童心中伟大的奉献精神。

我们也允许家长参加这些礼拜仪式。很显然，这种自由宗教教学

---

[1] 这一段很容易被误解，除非我们知道华德福教育的另外两个方面：第一，斯坦纳博士只是在讨论实际的宗教课程的内容。在课堂教学中，教师会向所有儿童介绍《圣经·旧约》中的故事。第二，除了宗教课之外，在华德福学校中，教师会以适合儿童年龄的方式，与儿童一起庆祝一年之内的所有节日。圣诞节有着很特殊的地位，在降临节（天主教教会的重要节期，是为了庆祝耶稣圣诞前的准备期与等待期，亦可算是教会的新年）期间就会以如下方式进行准备：教师和儿童会一起唱颂歌，每天打开一扇降临节日历（用来倒数计算圣诞节来临的日子用的日历）中的小窗，并点亮教室里挂着的降临节花环上的蜡烛。在圣诞节结束时，教师表演传统的耶稣诞生戏剧，作为送给儿童的圣诞节礼物。所有这些对于儿童来说都是一种经历，是由感受和圣诞气氛激发出的。之后，在宗教课程中，儿童就能够对《福音书》有更加清晰的认识和理解。——译者注

真正地给基督教带来了新的生命。华德福学校中有真正的基督教教义，通过这种在儿童早期进行的自然主义宗教教学，教师能够逐步引导他们在更高年级理解基督的奥秘。

我们的自由宗教课程现在已经逐步满员，甚至有些供不应求，其中很多儿童来自新教或天主教家庭。但是我们从来没有对它进行过任何宣传。找到足够的宗教课教师是一件很难的事，因此，若有很多儿童来我们的学校上课，我们会承受很大的负担。我们也不希望学校被冠以“人智学教派”的名声。我们完全不希望这样，只是我们的教育道德心促使我们进行这一自由宗教的教学。但是，越来越多的儿童离开天主教和新教的教学，转而投向我们，并希望接受自由宗教课，他们更喜欢这种教法。儿童离开他们原本的老师，这并不是我们的过错，但就像我说的，整件事情的原则是，宗教指导一开始应该由不同的牧师进行。那么，当你们问及究竟有什么样的宗教教学，我只能告诉你们自由宗教教学究竟有什么内容，也就是我刚刚说的那些。

（7）**在英国的学校中，法语和德语的教学是否应该从一开始就进行？如果儿童在5岁或6岁时来到幼儿园，他们也应该上语言课吗？**

对于在英国的学校中是否应该一开始就进行法语和德语的教学这个问题，我要说的是这必须根据具体情况来决定。如果你认为，这些语言的教学对于生活来说是有必要的，那你就得教。我们在华德福学校介绍了法语和英语，因为对于法语来说，我们能够从这种语言中学到很多其他语言没有的特性，比如，一种对于修辞的特殊感受，这是一种很好的特性。我们之所以教儿童英语是因为它是一种全世界通用的语言，而且普及的程度会越来越高。

但我不希望绝对地说是否应该在英国的学校中进行法语和德语的教学，你们的决定必须依生活的情况而定。只要你们确实在学校中进行外语的教学，选择哪种语言并没有那么重要。

如果4岁或5岁的儿童已经开始上学了（其实不应该这样），那么教他们语言也是一件好事。对于这个年龄的儿童来说，这是正确的事。有些语言的教学甚至可以在儿童换牙期之前进行，但只有在过了这个年龄之后，才应该以正式的课程形式进行。如果你有一个满是小朋友的幼儿园班级，将语言教学纳入你的教学是一件很正确的事。但是，其他科目都应该尽可能地推迟，直至儿童换牙期。

总之，我想要表达深深的感谢，正是你们的积极兴趣得以让华德福教育法在英国开花结果。感谢你们为在这里建立一所以人智学为基础的学校付出的努力。我还想说的是，为了建立一所基于人智学的优秀学校，希望你们能够成功运用在斯图加特的训练课程中学到的知识、在英国的其他课程中学到的内容，以及在这里我用更加格言式的语言告诉你们的内容。你们必须记住，第一次尝试对于成功有着很大的影响。如果第一次没有成功，那么我们就会损失很多，因为对于所有事的判断都会基于第一次尝试。因此，很多都取决于你是如何开展第一个计划的。它不是一种抽象的、一知半解的学校教育改革，也不是一种业余的东西，而是出自真正的人性的观念，而且要与教育的艺术相联系。现今的文明正在经历如此重要的时期，正是这种文明召唤着我们承担这一任务，与其他人一起并肩奋战。

最后，对你们未来的道路——在英国以人智学为基础创建学校之路，我致以最美好的祝福。

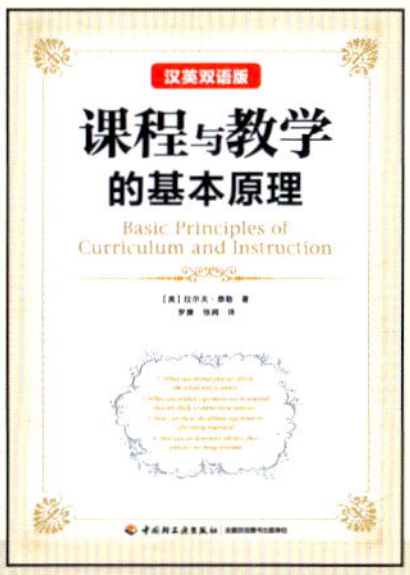

¥42.00

¥58.00

《课程与教学的基本原理》（汉英双语版）

【美】拉尔夫·泰勒 著
罗康 等 译

“现代课程理论之父”泰勒的代表作，被誉为“现代课程理论的‘圣经’”。高等院校教育专业师生和中小学教师的必读经典。

《去学校化社会》（汉英双语版）

【美】伊万·伊利奇 著
吴康宁 译

当代著名教育思想家伊万·伊利奇的代表作。著名教育社会学者吴康宁教授倾情翻译并解读这一思想巨著。

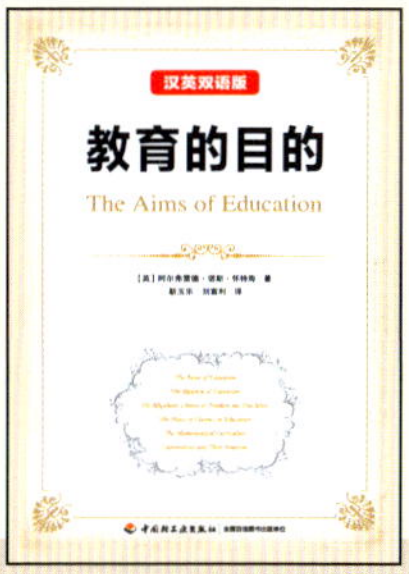

¥48.00

¥58.00

《教育的目的》（汉英双语版）

【英】阿尔弗雷德·诺斯·怀特海 著
靳玉乐 等 译

英国哲学家、教育家和数学家怀特海的教育代表作。著名教育学者靳玉乐教授等翻译，译者注释丰富、汉英双语对照，十分有助于品味经典。

《论教育学·系科之争》

【德】伊曼努埃尔·康德 著
杨云飞 邓晓芒 译／邓晓芒 校

全面地反映了德国哲学家和教育家康德的教育思想。我国著名哲学家邓晓芒教授和其弟子杨云飞博士根据德文原著历时一年多精心翻译。

¥48.00

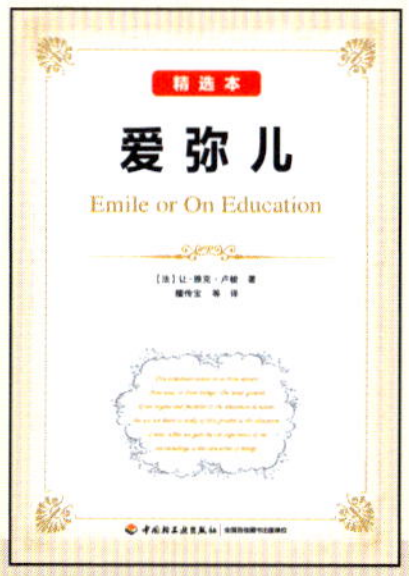

¥48.00

《大教学论》（评注版）

【捷】约翰·阿莫斯·夸美纽斯 著
刘富利 等 译

捷克教育家夸美纽斯的代表作，标志着教学论的诞生。牛津大学教育学者莫里斯·沃尔特·基廷在书中做出了精彩的评论。

《爱弥儿》（精选本）

【法】让-雅克·卢梭 著
檀传宝 等 译

法国启蒙思想家和教育家卢梭的代表作，一本小说体教育名著。著名教育学者檀传宝教授领衔选译《爱弥儿》全书的精华部分。

“世界教育经典名著丛书”阅读推广计划

尊敬的老师：

您好！感谢您对“万千教育”的关注与支持！

近年来，我们策划出版了“世界教育经典名著丛书”。该丛书包括16部世界著名的教育家、哲学家和心理学家的教育代表作，由国内十余位权威专家精心译校。大量的译者注和精彩的“译者导读”有助于读者领略名著的思想精髓。用纸考究、印刷清晰和软精装使丛书可读宜藏。我们有幸取得了数部著作在中国大陆的独家中文版权和英文版权。

其中《课程与教学的基本原理》《民主主义与教育》《教育的目的》《去学校化社会》《经验与教育》等7种名著采用了汉英双语的出版形式，可满足读者阅读原汁原味的经典之需。这些图书也适合作为高校师生专业外语教学文本。

为了让更多的人走近经典，值此“万千教育”编辑部成立20周年之际，我们制订了“世界教育经典名著丛书”阅读推广计划。

如果您对我们出版的经典名著感兴趣，我们将特别为您提供下列服务：

1. 免费样书。如果您选用上述名著作为教学文本或为了便于您推荐给学生阅读，我们可以免费向您提供教师样书。

2. 优惠折扣。若您所在院校的学生欲团购上述名著，我们将给予特定的优惠折扣。

欲了解“世界教育经典名著丛书”及阅读推广计划的详情，请扫描右边的二维码。此计划长期有效。

欢迎您与我们联系！

万千教育编辑部

咨询电话：010-65181109
读者邮箱：1012305542@qq.com
万千教育客服微信号：wqjy1998